A SINGLE THOUGHT REWRITES GOD'S SCRIPT

一念心改寫神的劇本

照見五蘊皆空
舍利子⋯⋯不生不滅⋯⋯垢不淨⋯⋯
是故空中無⋯⋯無受想⋯⋯
無眼耳鼻舌身⋯⋯無色聲⋯⋯
無眼界。乃至無意識⋯⋯
無無明⋯⋯
乃至無老死。亦無老死盡。

推薦序　吳光輝理事長

宗教的力量，就是要引導眾生向善的力量！

黃子芸宗師是一個有才華、有能力和影響力的好宗師，幫助眾生解除疑惑，化解困難，擁有向善的力量！幫助更多需要幫助的人！

期待黃子芸宗師，能夠讓更多的人，有機會擁有向善的信念，擁抱美好的生活。

中華民國道教法師聯合總會理事長

中華民國道教文化團體聯合總會理事長

吳光輝

推薦序 謝沅瑾老師

——我們只要最好的品格、人格、道德、操守與專業——

「師父領進門，修行在個人」，每一個我收入門下的入門弟子，都是經過長年的觀察、訓練、教導……凡是人品不行的不收，道德、操守不行的不收。至於專業的部份，則依照每個人的天份不同，因材施教，我常常告訴每一個弟子，你可以都學、都去了解，但是一定要專心、努力的依照自己的專長，去努力研究，才會有所成就，人一輩子只要專心做好一件事，就能夠有所成就，讓人認同。

「師者，所以傳道、授業、解惑也」，所以當一個稱職的老師，不只是單純的知識的給予，更應該是專業、態度、道德、價值觀的傳遞，這是我努力的目標，但是要找到一個好的學生也不容易……

自一九九七年認識子芸至今已經20幾個年頭……從她單純直爽的個性，到她極富正義感的內心，聰慧、明確的判斷能力，加上她認真、積極的態度，所以有了目前的成就。我常常告訴每一個弟子，「是金子總會發光」，遇到對的人，對的老師，總會引導出你最與眾不同的專長和能力……，將來你也要去幫助更多需要幫助的人，走向人生中正確的方向，幫他們選擇正確的道路……

所以我把「中華普世道派」交給「子芸」，因為她除了「專業」、「尊師重道」之外，她還是一個非常值得信賴和託付的人。希望「子芸」宗師將來能夠幫助更多的人，每一位好朋友們，如果你也有需要引導、幫助的時候，我相信「子芸」宗師一定會盡全力，幫助每一位需要方向的好朋友們！

「子芸」宗師最讓人敬佩的地方，除了專業之外，她的積極、認真和努力以及責任感，她願意幫助每一位需要幫助的人，誠如她在自序中所說：

「人一輩子只要專心做好一件事，成就一生善事，捨我其誰！」

筆於一一三年九月一日

謝沅瑾 老師——

中華堪輿道派第十七代掌門宗師

亞洲傑出環境理論風雲人物獎

中華道家「易經堪輿」卓越貢獻成就獎

中國正統民俗風水教育協會總會創會理事長

推薦序　黃錦鳳董事長　改寫人生劇本

正氣、溫暖、善良，又有大能——我所認識的子芸師父

我與子芸師父的緣分將近30多年。在她風華正盛時，一般人只知道她是個藝人，時常以笑臉迎人，敬業、樂業，在電視節目上十分活躍。中年後的子芸師父仍時常笑臉盈盈，巨大的改變是，她坦然接受上天給予的命運，成為一個樂於助人的師父，願意給人心靈指導的老師。

在演藝圈擔任經紀人並不是件容易的事，對外，要推薦自己的藝人，把藝人的優點推銷出去，得到演出機會；對內，每個藝人都自認有特殊之處，眼見別人都有工作上門，自己卻乏人問津，內心常是忿忿不平。這也導致經紀人和藝人之間的關係不是和樂融融，就是劍拔弩張。可說，照顧藝人的內心世界，和為他找到合適演出一樣重要。但，遇到子芸，這些都不需煩惱。

子芸向來把工作機會歸於緣分，不過分爭取，也不自我哀嘆，工作來了就認真去做，配合度很高；沒有時，她過好自己的日子，一片心可說是平靜如水。從這一點，就不難推想到未來的子芸師父以「一念心」來做人做事的基準。也可以看出她的智慧，以及和天地相容的理念。

子芸師父不只在年紀輕輕時，就自帶了做人的智慧，她更有不擾人，自己化解煩心事的善良。看了她的大作初稿，我這才想起，當初她到大陸拍戲，作為經紀人的我從未收到她發牢騷、有什麼事就要經紀人立刻出面解決的要求。大陸演藝圈競爭很強，多年後我才知，她竟然曾被當眾口出惡言，而她獨自吞下，這該有多難過！我非常心疼，要是她早告知我此事，我絕不讓她受委屈，而她選擇不說，就是為了不使我擔心。

信奉任何宗教，都是個人選擇，不需別人指點，或予以排斥。我們公司時常包下遊覽車，載著全公司藝人到敬老院、育幼院等處做公益演出。子芸往往是第一個報名的藝人。

但子芸師父的愛心那時就已毫不保留，她率先報名之外，出門當天更是興高采烈，問她到底在開心什麼？她說：「可以去幫助別人，他們開心，我就很開心，這不是一件很好的事嗎？」當時她的溫暖和正氣深深觸動到我，覺得應該要頒「模範生」獎給她。卻沒想到，後來的她更加「晉級」，以「祝福的力量最大」來為人們消災祈福，做大能之事。

其實，子芸師父和小太子的緣分我早已知悉，多年前，我們一起到書中提到的宮廟擔任義工，她到了那裏，更是盡心盡力，凡事都搶著去做。我提醒她別累到自己，她回我：「小太子很照顧我，每次有事，我心裡默念小太子幫幫我，事情就解決了。」小到找停車位，大到家人的事，小太子都默默幫助她。她說：「我有一種感應，我和小太子之間有連結。」

為了把和小太子的連結落實並幫助她身邊周圍的人，子芸付出外人難以想像的努力：二度出家、上道教專業課程長達近四年、每日進修，還不能缺席，這誰能做得到？最終她取得道教協會證書認證，這是一項大成就。

子芸師父是個溫暖、充滿正氣的人，和她共處的片刻都令人放鬆。我認為，作為一個師父，既能為人辦聖事，又不令人感到嚴肅緊張，對信眾來說是很重要的事。因為她的為人既溫暖了你的心，又以正氣和大能解決了你的煩憂。

祝福子芸老師，祝福閱讀這本書的讀者「改寫人生劇本」。

民視八點檔《黃金歲月》製作人、萬星傳播、海峽兩岸製作影視城董事長 **黃錦鳳**　一一三年八月三十一日

推薦序 凌志文製作

在我所經歷電視節目製作生涯中，有幸結識許多才華橫溢、個性鮮明的藝人，而唐德惠無疑是其中極具代表性的一位。我們在八大電視台《暗光鳥新聞》節目的合作，讓我深刻感受到她的靈活機智和藝人專業，這不僅是故事敘事上的自然流露，更是一種對生活、對工作的熱忱與投入。

十多年前，我聽說德惠曾在法鼓山打禪七。這與其他明星藝人有很大的不同，因為平日發通告時，你不見得找得到她。一次採訪唐媽媽，她透露當時不僅製作單位找不到德惠，連唐媽媽自己也不知道她去了哪裡。經過詢問，才知道她一個人在廟內寺裡靜心念經。最初聽到這個消息時，內心不禁產生了疑問：「她是受到什麼刺激嗎？怎麼跑去廟裡念經？」這種選擇完全顛覆了藝人的常規套路與宣傳手法，但後來我才明白，這正是德惠內心所嚮往的揚升之路。

以往在電視台看見德惠的時候，總覺得她的眼神有些迷濛，當時以為可能是跑通告或作息不規律導致的。時隔多年，再見她時，眼神卻變得清澈明亮，整個人充滿了神識智慧。她的外貌也修得清淨莊嚴，從裡到外散發出一股慈悲與愛的氣場，彷佛一位端坐的佛菩薩聖像。這一切的改變，讓人感受到她內在修行的力量。

與德惠相識的緣分已經有二十多年，再見她是在四五年前，那時的她已經是一位修行有成的「子芸老師」。拍攝期間，我看到她在禪修中的側拍照片，那一瞬間讓我感動，因為她從過去的藝界人生走向修佛求道，成為《中華普世道派》的掌門宗師。這樣的轉變不僅僅是修行的蛻變，更是一種勇氣的展現。

德惠的修行路途上，不免遭遇一些非議，但她堅持自己的修行之道，勇敢面對挑戰。從明星到居士、再從三太子乩身代言到剃度修行，最後成為了掌門宗師，她的故事參雜了些許的爭議，並且充滿了曲折轉變。然而這些考驗並沒有削弱她的堅定，反而成為她修行道路上的淬煉。或許這就是她的命運與人 生必修課題，但她努力不懈以修行的力量改變自己的命運，這是無數人心中嚮往卻難以達到的成就。

在這個數位科技的時代，人人都能被放大檢視，無論是支持或質疑的聲音都無所不在。然而，我相信，德惠追求修行的決心終將實現她的濟世願景。倘若有一天，她登上修行的須彌山，我將是第一個為她祝福的人。一位網路持修者曾這樣形容她：「污泥現奇花，修行靠悟道，心靜禪中修，證果隨人心。」對於這樣的修行境界，我只能感嘆自己還有許多需要學習的地方。

德惠這次將她的心路歷程集結成書，與讀者分享她的蛻變昇華。作為與她合作多年的朋友，我深知這本 書的重要性。這不僅是她個人修行的見證，也是一段勇敢面對命運，自我實現的持修實踐歷程。希望每一位讀者都能在這本書中獲得啟發，感受到子芸宗師的智慧、愛與慈悲！

資深媒體人 **凌志文製作** 一一三年九月

【自序】

這本書的出版，來自我的初衷——為在生活上遇到種種煩憂的人解除困擾的「一念心」。「助人為樂，此生無我」一直是我的信念，為了這個信念，我曾剃度出家、靈修、修行……

為人辦事這些年來，我見過太多人生而為人的崎嶇、坎坷與無奈。原本是一條筆直的道路，不知怎麼地就把方向拐向佈滿荊棘的小路上的人所在多有。為什麼？因為每個人有自己的信念，或者沒有信念，自己一意孤行，路走不穩，妖魔鬼神就一一來問候，徘徊不去，生活變得一團糟。

其實，很多事有方法解決的。

這本書就是記錄下母娘道法、小太子衝鋒陷陣與我的辦事過程，紀錄下人們的所遇、所見、所苦。而我如何藉由小太子乩身，以及主神王母娘娘的神力為人解困，以為有相同遭遇的人作為借鏡。

這本書會為讀者帶來問號，解除問號隨之而來的是驚嘆號。但其實，驚嘆號在我眼中只是句點，遇事處理，就像生病一樣，乖乖看醫生吃藥，不要拖，趕快就醫就沒事。

「祝福的力量最大」，一句祝福利及他人，這份福也必將回歸己身。

祝福每位讀者，樂大於苦，苦中有得。此生一世，神佛助祐

中華普世道派掌門宗師**子芸老師** 筆於一一三年八月二十日

【前言】

我修行多年，至今仍然每日禪修，閱讀佛經。但我知道，修行人不能太執著，一旦陷入「我執」，對修行人的傷害更大。所以，有不少宮廟的宮主會去其他宮廟「問事」，因為，一旦只認定一項說法，與一般信眾無異，自己的事根本無法解決。

為信眾辦事除了自己需有法力，但礙於每個人的表達能力、個性剛烈或柔軟，說出的話，執行的祭改方式會有所不同，同樣一件事，祭改效力卻天差地別。為了使自己更進一步，除了繼續靈修之外，調整自己的狀態更重要。

歷來遇到各種人間怪事，就在我細心引導下，以「一藥見效」或「連續處方簽」方式，佛來佛斬，魔來魔斬。幫助信眾，也協助陰體盡其心願。

陰體就一根筋，像水母一樣，你見他害怕，他見你他也怕啊。你指引他方向，他自然會離開；不想走的，那就給他其他選擇。我認為這是一種尊重，同樣也是「祝福」的力量最大。今天你以刀槍趕走凶神惡煞，改天他槍砲彈藥又來找你。很多「眉角」，辦事人要注意，不自負、不自輕，就老實去做。我有法力，信眾共享。我有所得，你應也是。

面對這些橫跨人鬼兩界的紛擾，持續精進法力，更上一層樓是最好方法：初一、十五祭拜能提升能量磁場，鞏固元神，保持強氣場。深入研讀經典，經典自然扶持你。什麼都不做，人虛氣虛，陰體懶得理你，不當你一回事。

我也可以偷懶不做定課、早晚課，初一、十五不做法會，那麼，就等待上天給你的命定天命向下沉淪，逐漸消散。修行人必須非常專心一致，這種修練耗盡精神，很費體力，但我願意去做，因為我立志提高自己的法力層次，幫助更多人化解三因果業報而帶來的種種問題。

有非常多案例十分驚心動魄——

前言

墮胎十次的婦女被未出世的嬰靈糾纏
孩子被陰體附身，學父親家暴母親
相約自殺沒死成，但死了的找上門了
以為自己靈修，反被邪靈纏上差點送命
信眾尚未開口，小太子要她趕緊就醫，驗出大腸癌
媽媽抱新生兒沒事，爸爸一抱看見惡鬼般眼神

許多因果業力福報非迷信，事實在眼前，宇宙可大了，不信才是迷信妄言。

在這紛亂世界中，為了消除迷信妄言，我以餘生，盡我所能，解信眾苦，圓信眾緣，助心開意解，創造福報，這是我與小太子的約定。人一輩子只求專心做好一件事，就是功德。成就一生善事，捨我其誰。

中華普世道派掌門宗師**子芸老師** 筆於一一三年八月二十日

【目錄】

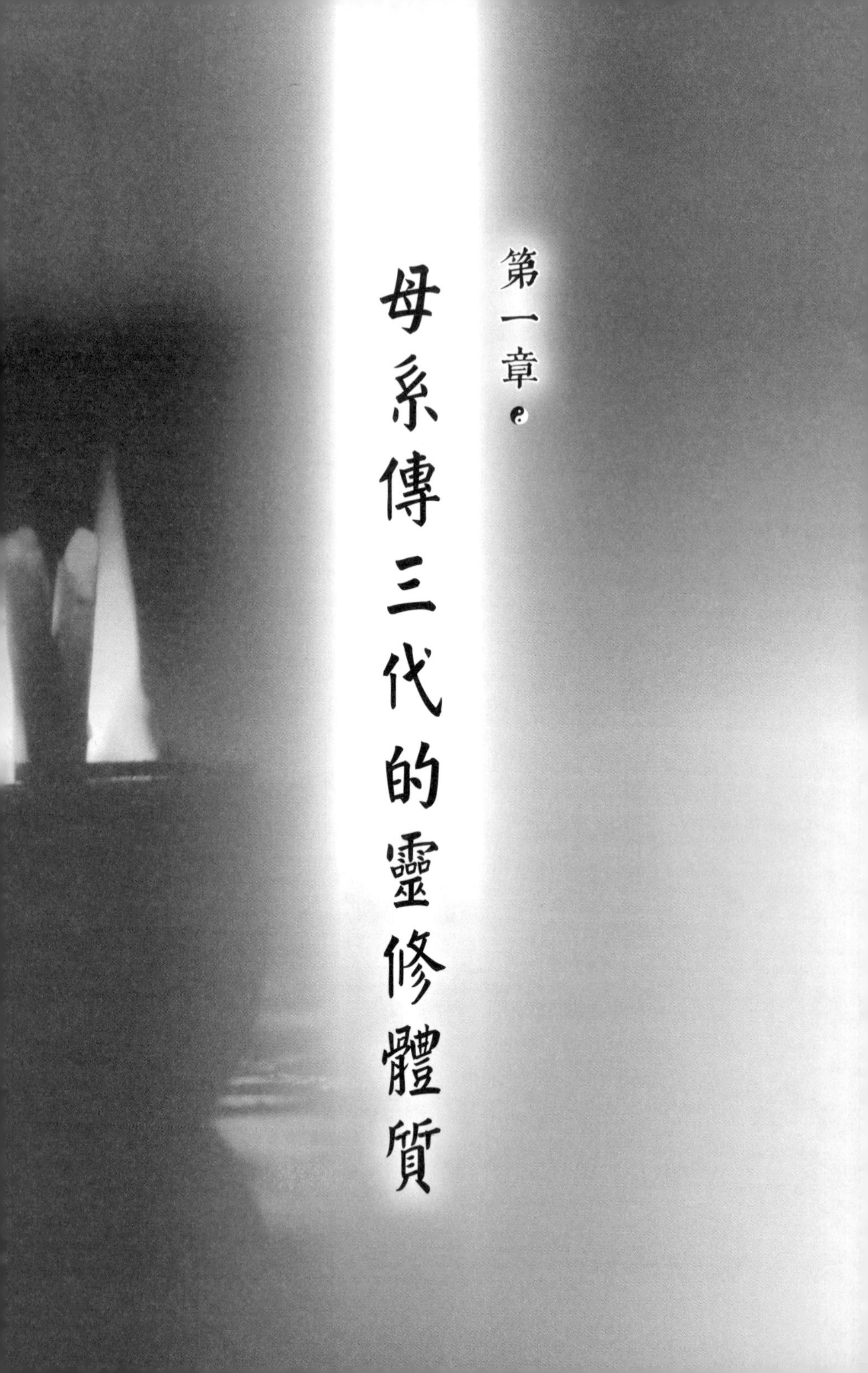

第一章 母系傳三代的靈修體質

第一章 母系傳三代的靈修體質

一、天生通陰陽的阿母——半透明人體來訪，亡者各種慘狀阿母都見過

「媽，我看到一個臉白白的人，站在窗簾旁邊，啊啊啊好恐怖啊！」

「阿嬤，那裡怎麼有一個人，頭髮好長，舌頭更長啦！」

「媽，怎麼有人跟我一起睡覺，味道很臭，啊！他頭都爛掉了！」

不只長相可怕，更可怕的是他們說的「人」都是半透明狀。這些恐怖的「親身經歷」，應該是很多人童年時發生的事，但對於我而言，一次都沒有過。以前我還

覺得，欸！這些小朋友好厲害呢！為什麼我看不到的東西他們一眼就看到？他們好特別喔！可是，為什麼他們在一通鬼哭狼嚎，嚇得要死之後，立刻就被大人帶去宮廟「鈴鈴鈴」？而且，大人們都神色慌張，緊張到不行。那些東西有像他們講的這麼恐怖嗎？

對，我就是這麼一個普通的孩子，既沒看過那些不該看到的「半透明」，也不曾遇到往生的長輩回家來巡巡看看。或是對著空氣說話，半夜跟有影沒形的小孩玩耍。聽大人說，那些小朋友是被帶去宮廟給師父收驚、作法，「鈴鈴鈴」趕走「ㄞ咪呀」，這時我才大約知道，他們所遇的情況似乎和我們存在的世界不一樣。所以，當我的玩伴跟我說，她半夜看到車禍死掉的人進她家門，我立刻尖叫大哭跑回家，找阿母要抱抱。但阿母聽我陳述的內容，卻反應平淡，不像別人的爸媽緊張得不得了。是他們的爸媽大驚小怪，還是我阿母少根筋？

這樣一個體質不帶著靈感，甚至大人說小孩子最容易在陰陽兩地交會處有感應的事，從來都與我無緣。即使如此，我也在我阿母的冷靜反應中隱隱感到我這位阿母跟別人家媽媽不一樣。那時，我阿母偶而出門去山上，回來帶著一堆草。她說，這些不是雜草，是草藥喔！那幾天，就有幾位鄰居上門，分一些草回去。我問媽媽，怎麼知道哪些是雜草，哪些是草藥？那些身體不舒服的鄰居不可能狀況都一樣吧，那阿母是如何做到對症下藥的呢？但她不願多說。更長大一些，我才知道，阿母有神通，她的知識來自神明，更準確地說，來自小太子。我覺得阿母好酷喔！

聽家裡長輩回憶母親的童年，只要有神明遶境，好奇的阿母跟著大人去看熱鬧後，回來就變了一個人，有時不愛說話，嘟著一張嘴，像在生氣；有時變得活潑搗蛋，怎麼唸她，她都笑嘻嘻地，彷彿身上有一種特殊的「東西」佔據了她。因為阿公阿嬤不想提「鬼」這字，乾脆以「咪呀」代稱。那時大人覺得小孩子嘛，以上述「小孩通陰陽兩界」的說法，長大一點就會好，也就不太在意。但是，阿母進入少女時代之後，這時已經不是兒童了，但阿母還是會被「咪呀」拜訪。最明顯的是中元節遇到廟裡七爺八爺出巡，跟著大人去湊熱鬧的阿母當晚就會做夢，夢裡有東西來找她。阿母這時已經知道，所謂的「咪呀」就是「靈體」，因為她在看七爺八爺過大街時，也看到路上這一群那一群的靈體。阿母早就跟他們互相眼對眼看過對方了！

聽大人說，年輕時的阿母很不想講這些，只偶而提到那些靈體有的外貌十分恐怖，有吊死鬼拿著頭、有被車輛輾過的殘破不堪的「身體」；也有面目清秀，但神情姿態驚慌失措，整個「人」形體清楚的靈體。即使和他們如此熟悉，阿母也有睡到半夜被嚇出「公主叫」的時候。

這種已成常態的情況已不是「鈴鈴鈴」收驚就可以解決的，超擔心的外公外婆幾次要阿母喝他們從廟裡帶回來的符燒成的符水。也說好不再用「咪呀」代稱那些靈體，而是用「客人」尊稱（沒辦法，敵暗我明，只好禮貌一點。）他們在談論中只說阿母「看得到客人」，安慰阿母說，長大成人之後就沒事啦！老人家一邊自我安慰，一邊帶她去新竹都城隍廟拜拜，看有沒有辦法「再也不看到」，可惜，效果有限。除了「客人」來訪如常之外，後來又來了一位特殊的「客人」。話說，那時我阿母都已經從少女轉大人了，有時還會用娃娃音跟大人吵著要糖吃，或是跟外婆撒嬌，而且頻率越來越高。這就使得外公外婆很崩潰。因為家裡開設磚窯廠，阿母擔任「工頭」要職，帶領一批燒磚師傅，每天要對這些漢子發號施令，但她一秒鐘變小孩，這工頭如何帶班下去？阿母時而發生的「無理取鬧」實在令外公外婆頭疼。

二、知名命理老師認證——阿母和我是忘了「帶把」的小太子

這件事被我舅公知道之後，特地從台中來看他的外甥女，舅甥一相見，阿母又開始吵著要糖吃。舅公早有準備，從懷中拿出糖果給妹寶（阿母的小名），看到妹

寶歡喜的樣子，舅公反而神色一凜，嚴肅地說：「是小太子來抓乩身！」外公外婆一聽到「抓」這字，誤以為是小太子要來帶媽媽離開，想到親生的「女工頭」可能「英年早逝」，哭啊叫的把我阿母牢牢抱住，生怕被誰搶走。不過，舅公完全不理會這對哭成一團的夫妻，反而正色道：「別鬧，是神明選中妹寶，要她幫神明在世上做好事。」這下，終於解開阿母「女工頭一秒變小孩」之謎，外公外婆破啼為笑。但我媽卻笑不出來了。

照理說，做個被神明指定的代理人，誰都應該覺得很風神，很了不起吧！（我猜啦！）長大後結婚成家的我阿母自認是普通婦女，不敢承擔這麼重的責任，擁有這麼大的力。她說：「大的好事我沒辦法，若是我可以做到的小事，我一定會幫。」

阿母眼見當時不少人生病通常先進行土法治療，她就決定用草藥幫人治病做為「主要業務」。記得有位鄰居大嬸，因為直腸長期出血，不敢去開刀，後來吃了阿母特地為她採的草藥，吃了幾次後血不流了，瘜肉掉了。她痊癒之後，對阿母十分感激，希望給她金錢報酬以表感謝，可是，阿母肯定是不收的。聽說那位大嬸一直很怨嘆我阿母不肯接受她的好意，嗔怪阿母「很不夠意思！」害她多年來為無法報恩過意不去。

我的阿母就是這樣一個純樸、不求名利的人。我想我懂她的心情，她本來就很顧家，當初才念了幾年級，就接下外公指示，輟學去管理磚窯。結婚生孩子之後，更以家庭為重心。對她來說，首先要顧好這個家庭，才能去幫助別人。而且，如果對外宣傳自己有神力，是小太子欽定乩身，那麼，有各種疑難雜症的人會從四面八方湧來，這種陣仗對有「社恐」的阿母來說，是她無法應對的。

有的有乩身的人自稱自己是小太子乩身，但阿母卻是經由我舅公——知名的命理老師蘇德吉認證。到底這認證過程是怎樣的？阿母說，舅公所言不虛，因為，舅公來訪不久之後，不再是「不速之客」找上阿母，而是一位小朋友。這是一個穿著古裝的小孩，笑笑地繞著阿母不肯離開，動作、神情很是淘氣。阿母說：「我不會怕，因為是小孩子嘛，還穿古裝，很像從歌仔戲裡跑出來的人。有時候看祂在搗蛋，覺得很煩；有時候又覺得祂很可愛。」感覺他們相處得很不錯呢！不過，快被小太子抓乩時的阿母會「警告」祂說：「拜託啦！先別找我玩，我還要工作賺錢耶！」小太子也有很「懂事」的時候，等吃到糖果之後，不說二話就退駕。講到這段，阿母笑了：「因為小太子，我都不知道自己吃了幾斤糖！」

我曾要求阿母表演她被小太子抓乩時的樣子，她勉為其難學了討糖吃的那段。看阿母只是一個動作，一個表情，我就快笑死。我跟阿母說：「妳這肯定不是演的，如果我可以演得像妳一樣，我都可以拿金鐘獎了！」但是，我還來不及笑完，事情就在我身上重演了，這段精彩的故事，會在下一段說明。

一般來說，被神明抓乩，可以成為神明的乩身，對現世事物之外的感應力要比人強，靈感要比一般人活潑且深入，此人才能成為神選之人。或是，神明感到這位人士很善良，願意擔任好人做好事，所以非此人不可。總之，想要擁有這種「超能力」，可說是萬裡挑一才能雀屏中選，不是你想要就有。這種萬裡挑一也適用於學習易數八字風水這些複雜的千年學問。都已經夠難學了，更別說學到運用自如，可以幫人排憂解難，脫離困境。

和神選之人一樣，學習可以破命數的學問除了需要與生俱來的智慧，同樣也需要很強的感應力。舅公嘆氣對我說：「我學命理風水，執業數十年，一直覺得，若無神助，這條路並不好走。妳阿母被小太子指定，現在又輪到妳，竟然傳了三代，這是我們母系的遺傳體質，一切都是命！」

當時的阿母因內向的個性，只能小小幫助到其他人，可能與小太子的期望有落差，萬萬沒想到，小太子又找上我成為他的乩身，我的反應大致是「怎麼這樣？都不先問一下人家要不要的喔？」在面對這個事實之前，我有很大的困惑：阿母與我都是女孩子，怎麼我們母女倆就被小太子選中，難道祂不擇選性別的嗎？女的應該是公主，怎麼會是太子咧？關於這問題，舅公給出解釋：「妳們兩個出生時跑太快，

『那支』忘了帶出來啦！尤其是妳。」舅公指向我：「妳在元宵節出生，原本是個愛玩的男生，一聽到凡間鞭炮放得震天響，又張燈結綵的，熱鬧得不得了，一下就從三十六天衝往凡間去玩，原本屬於妳的『那支』就落在天庭上了。」我一聽，差點從椅子上摔下來。不論舅公此話何來，我在想，也許我可以比阿母做得更多一點。也許未來，我願意接下這沉重的任務，承擔這份成為小太子乩身的責任。至於是否能成為稱職的神明傳令人，是我必須學習的功課。

三、阿母驚人的預知能力——一塊無人問津的土地賺回10倍價錢

先說我阿母的神奇感應力，剛才說過，阿母盡量做到「默默做好事，神力就莫提」。但是，就算是蛋殼也有縫，阿母有時無意中的表現還是透露出她本人的玄力。

她與生俱來的預知能力非常神奇，從小我問她：「阿母，妳怎麼什麼都知道？」她才沒理我，忙著燒菜去。小時候隔壁有一位只有獨生子的鄰居大嬸，一心想要抱孫子。等到兒子娶媳婦，兩公婆超開心，盼望了三年，媳婦卻一點懷孕的跡象都沒有。大嬸四處問神，都問不到原因，心煩又心急。一次大拜拜時，大嬸對三姑六婆順口說出此事，大夥你一言，我一語，紛紛出主意，「要不要去問神，或是去找名醫？」「祖先那邊有什麼意見，要不要去看一下祖墳？」另一位鄰居說：「我也有舅媽的表妹的堂妹多年不孕，去某個宮廟問神，很厲害喔，她隔年就懷孕了。」大嬸邊擦眼淚邊點頭說，「幫我問一下宮廟在哪，我趕緊來去問問。可是齁…」

我那有社恐的阿母並不在人群中，只是剛好路過，要擠過人群，聽到那位婆婆的關鍵句：「可是齁，我都買中藥幫媳婦補身體，都三年了耶，沒有就是沒有…」她話還沒說完，阿母一派輕鬆，順口說：「妳媳婦有避孕，怎麼懷孕？」大家聽了「哇」一聲，「是這樣嗎？」「妳怎麼知道？」疑問聲此起彼落。阿母也不再多說，隨即走開去傳牲禮。

過兩天，那位婆婆帶著大包小包禮物來家裡謝謝阿母，原來她媳婦今年才25歲，生涯規劃目前以工作為主，打算等事業發展有成，夫妻倆有穩定經濟基礎後，再養育下一代，所以一結婚就裝了避孕器，暗自計畫30歲再生育。

這件事，除了媳婦本人，沒有第二者知道，就連老公都不知。婆婆聽了我阿母順口說的一句話，當下找了兒子和媳婦問清楚，在一家人開誠佈公溝通下，終於說服媳婦到醫院拿掉避孕器。過幾個月就傳來好消息，媳婦懷孕了，懷的還是龍鳳胎！婆婆驚喜得不得了。據說，這件事在整個村莊流傳了數年之久，只差沒寫入鄉誌裡。

在我小時候，房市正夯，到處都在興建新屋。尤其縱貫線的省道，一路都有建商請知名藝人，如「大白鯊」陳今珮、閩南語歌王李茂山，甚至高價請來港星做「工地秀」推銷新成屋或預售屋。我們鄰居經濟有條件的也忙著到處看房子，買土地，期待一夜致富。有塊從農地改成建地的土地因為不夠方正，價格便宜，掛牌出售後一直乏人問津。只有我阿母說：「不買這塊地，是要買哪塊？」當時聽了我阿母此言的鄰居想想不妨一賭，戰戰兢兢抱這塊地一年之後，隔年土地價格竟翻了十倍！

這些類似鄉野奇談的玄奇之事令我對阿母的感情變得「複雜」起來，她很慈祥，也很疼愛孩子。每次我在工作上受了傷害，回家找阿母哭訴，她總說：「外面如果不好，就不要去了，阿母養得起妳。」我被阿母的溫暖包圍，哭得更大聲了。

但阿母一人獨坐客廳時，坐姿端正，面目莊嚴，身上散發的氣息彷彿有神佛環繞，備受保護。看著阿母這神態，我十分驚奇，感覺那一刻她不是我阿母，不屬於我和我的姊弟們。她是神明的人間使者，有一條無形的線在她和仙界間連接。這印象深深刻印在我腦中。有個火花在我心中緩緩爆發，後來才知道，那是阿母身為小太子乩身遺傳到我身上的預兆。

四、奇妙的緣分與預示——

接演《封神英雄榜》，我飾演小太子之母

剛進演藝圈時，我擔任外景主持人，製作組為了趕時間，在點與點之間趕路，加緊多拍些單元以節省經費，時常險象環生。後來我拍戲，終於發生車禍。之前我才因嚴重的鼻竇炎、耳內積水影響到頭部，動了一場大手術，這次又因為撞擊而開刀。我在死亡線上走了兩回，但大難不死，必有後福。

我剛拍戲時一直有貴人相助，電影導演朱延平在我演出電影《狗蛋大兵》特別多給我表現機會。後來，李岳峰導演的戲，我都固定演出。也有不開心的時候。到大陸工作，在一次拍攝家庭倫理劇，女主角在工作人員面前對我出言不遜，我深深感到對方的惡意。那時我內心有個慈祥的聲音對我說：「一定要忍，忍了才有自己的路。」我忍住情緒，跑進廁所一邊仰頭啜泣，以免淚水弄花了妝，一邊沖馬桶來

掩飾啜泣聲。我相信忍辱負重，一定有好的回報。果不其然，接下來我在《封神英雄榜》裡飾演小太子的媽媽，這緣分竟然如此巧妙。在片場，我感覺到小太子特地來找我，我內心平靜如水，演起戲來場場順利，被觀眾封為最美的小太子媽媽。

那時要不是我能忍，就沒有演出小太子母親的機會。那慈祥的聲音是仙界預先給我的通知，也是我阿母傳給我的乩身體質發揮作用的開始。

我曾經生病而不自知，直到體內大出血，被緊急送到台安醫院急救，才知道事情不妙。醫生診斷是大血崩，必須趕緊輸血並開刀引流腹中的積血。虛弱的我想著，小太子一定會救我，靈感一來，我內心一直唸小太子保佑，小太子保佑。我的病情終於穩定，順利痊癒。

一　母系傳三代的靈修體質

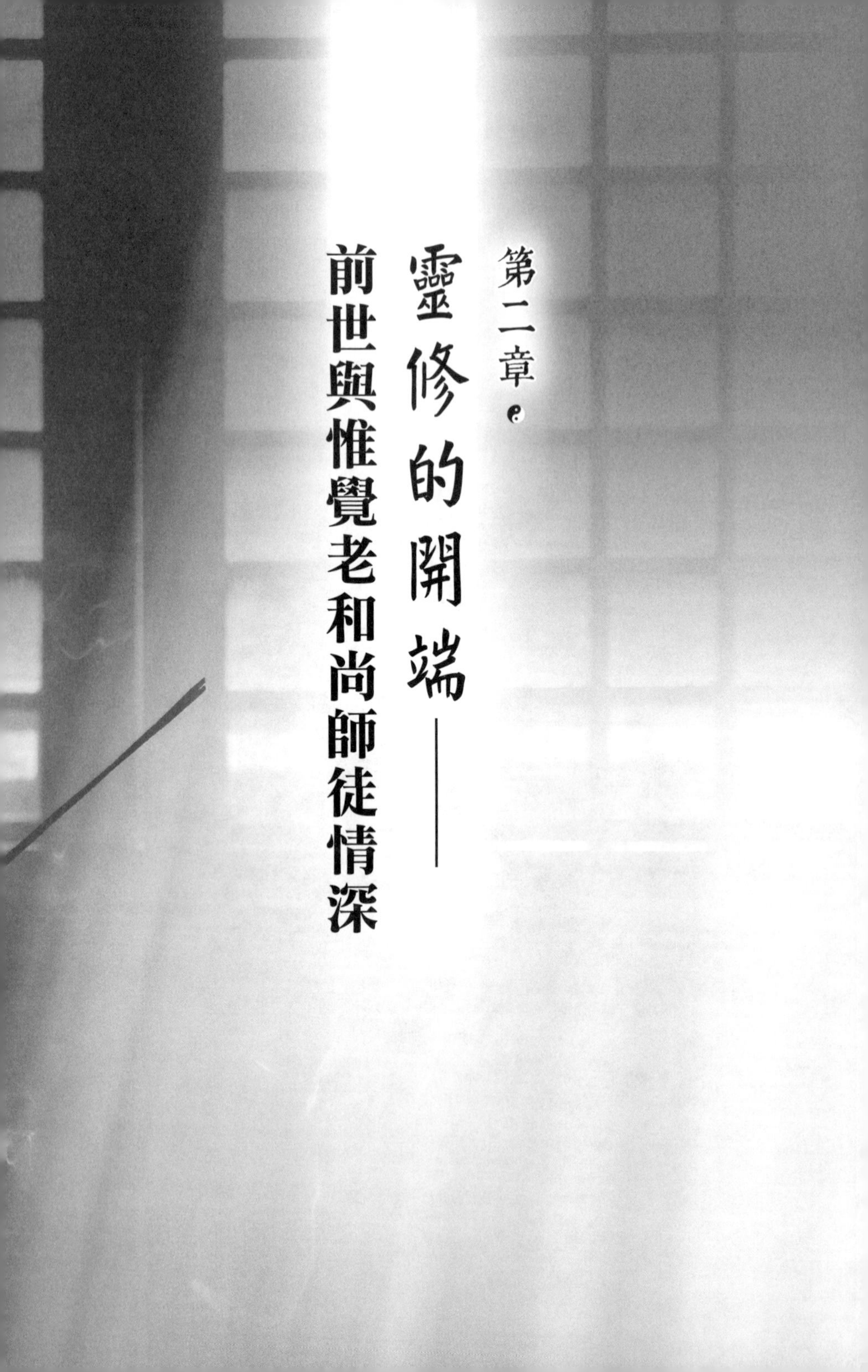

第二章

靈修的開端——前世與惟覺老和尚師徒情深

第二章

靈修的開端——

前世與惟覺老和尚師徒情深

一、與菩薩結緣——

前世尊惟覺老和尚為師，今生老人家圓寂入我夢告別

演戲要付出的精神和體力出乎外界想像，在演藝圈奮鬥多年，直至穿起高跟鞋不再搖曳生姿，反而是雙腳不適，痛感鑽心。以前熬夜，隔天照樣生龍活虎，現在必須花上兩天時間修復體力。很多人事和工作上門我都不再感興趣，身體和精神都在罷工了。好苦啊！我在想，我該往哪裏走？我到底為誰而活？繼續這樣的生活是

我想要的嗎？我應該為自己而活啊！

有一天，答案呼之欲出，我告訴自己，要從我本心去靈修，我要去找到自己。

我排除一切工作，想找正規道場修行，緣分之下，我來到中台禪寺普正精舍，很幸運地，我遇到我今生的第一位導師——惟覺老和尚。我記得有人跟我說過，「只要你想精進，善緣自然找上你」。我一到那裏就自然而然完全投入修行的氛圍，沒有自我懷疑，沒有疑他，一心在大師們的指導下精進靈修。

普正精舍的住持和出家眾都非常優秀，很有學識，有天生的佛緣。有位女孩十三歲就決定剃度出家，她的父母在她感應下也相繼出家，一家皈依於惟覺老和尚門下。後來我接演的一部戲，正好就是講述這佛緣很深一家人的故事。所以啊，緣分這東西實在奇妙，尤其屬於正途的緣分，一定自有道理存在。

在眾多弟子中，惟覺老和尚對我十分關切，老人家曾對我說：「上輩子妳就是我的徒弟。」對此，我深信不疑，我曾數次夢到老和尚對我說法，而過陣子收到中台禪寺寄來的期刊，題目內容正是夢中老和尚對我傳的法。

此時，我的菩提心已種下，常人不能駐足觀禮的剃度大典，我有幸參加。那一刻，我的第八識，阿賴耶識告訴我，過去世我也曾列隊在剃度的出家眾之中。只是，目前的我有些因緣未了，仍身在紅塵中。

惟覺老和尚圓寂時，我正在大陸拍戲，一晚，夢中我跪下向祂老人家道別。驚醒後，我知夢中有所指，但又不願意相信，直到上網看新聞，才得知師父已圓寂，我大哭不止。

二、中台禪寺靈修——

被稱開悟者，有佛緣應出家

在中台禪寺，每個組有位小參師父帶領我們修行。我剛報到，我的佛緣就被開啟，前世對於菩薩慈悲的記憶突然在腦中閃現，我一進大廳就五體投地作大禮拜，深受感動淚流不停。

帶領我們的小參法師看到我見佛卻激動的情緒，斷言說：「妳是開悟的人，妳應該出家。」

惟覺老和尚曾說：「來修佛的有三種人，有的修福報，有的修智慧。只修前者，只是為了求今生境遇都好，這種修行不夠到位；只修後者，來世就算出家，所得還是空缽。所以，我們要作的是第三種：雙修。如果修到有福報復還己身，那就要更小心，一定要轉為更大的福報傳出去，不占為己有，這叫發菩提心。」當下，我發願，這將是我的目標——發菩提心。

我剃度出家雖是後來的事，但在中台禪寺就已受到啟發。就像所有佛的第一尊，

「過去正法名如來現前觀世音菩薩」，而今「倒駕慈航隨緣渡化有緣眾生」。以前的人靈修都在山上苦行，只求「自了」，我的想法不一樣，未離紅塵的我悟到「我從紅塵來，能知紅塵事，凡人皆說苦，我願解其困」。

三、小太子五分駕——乩身首度顯現，驚慌大喊阿母來救我

在進入演藝圈早期，我每年過年都到知名的中部某間太子廟當義工，不少知名人士是這裡的信眾。過年期間義工須從初一待到十五，每天從早到晚接待各地來的信眾，休息時間很短，我卻「玩」得特別開心。把工作說是「玩」，是因為我覺得那裏是我的歸屬之地，尤其廟主師姐對我親如女兒，當時可以說是我阿母之外最心疼我的長輩了。

這裡要提一下師姐的神力。當時我的經紀人剛簽了某位知名演員，經紀人想為她改藝名。師姐半閉雙眼一會兒，說：「某某改名子芸，會大好。」我聽了嚇一跳，因為我本名就是黃子芸。

師姐是個很和藹、願意為信眾服務的好人，我跟她處得來，是因為她感受到我的虔誠。她在開宮廟為人辦事之前，曾剃度出家，潛心靈修。有一年初一早上師姐坐輪椅，吊著點滴，我趕緊問她發生什麼事。她不回答，只在一張符紙上畫了幾畫交給我，慎重交代，先把符令燒掉，再去迎接信眾。

大年初一來宮廟的信眾多得不得了，排了長長的幾列人龍，在義工手持的旗幟指引下，先通過七星法橋，義工以柳枝輕撫信眾並灑上淨水，才能進入宮廟，由各地來協助的法師進行祭祀的下一步。祭祀開場不久，其他義工前排列的信眾逐漸轉排到我面前。眼前這麼多的人，我不心慌，就按儀式走。其他義工們感到不解，彼此以眼神示意，「現在是什麼情況？」我還會不時喃喃唸出我不懂也沒聽過的語言，甚至用不是我的聲音，說出眼前的信眾為了問何事而來。

人流少了之後，我的體力突然一洩而光，剛才是怎麼了？師姐交給我的符藏有什麼大能？我不顧尚未用午餐，急忙去找師姐，但遍尋不著。原來，從除夕開始，師姐就去掛了急診，中間抽時間坐輪椅趕回宮廟，給我畫了符令。師姐以滿滿的慈悲心，不讓義工和信徒得知她身體不適，交代完一些事後又趕回醫院住院。

我所說出的語言和對信眾說的話，是我乩身能力的第一次顯現，小太子來到我身上了，但只有五分鴛。不瞞各位，當時我嚇壞了，找不到師姐後，我衝進休息室，邊哭邊喊著「阿母、阿母來救我」，直到喊到聲音嘶啞。但此時我已不知道我喊的是我的親生阿母，是師姐，還是王母娘娘？

四、乩身遭懷疑——反擊惡言惡語，小太子上身揭他密他速逃離

其實，小太子已經等我很久了，我做義工也是為了想幫小太子。我尚無立即投入成為小太子乩身的想法，一是我還沒有面對的勇氣，二是我希望一盡母職，計畫至少養育兒子到大學畢業，所以每次我都跟小太子說「再等我三年時間」。第一、二次，祂同意了，第三次祂「小朋友」不再妥協。那天我喊著「阿母」，後來才知是眾神都尊之為大神的王母娘娘。那張師姐給我的符令就是小太子拜託他也叫其為「阿母」的王母娘娘來催促我。

哭也哭了，喊也喊了，我弄清楚緣由之後，如常地工作，隔天一樣迎接信眾。但我隱隱感到其他義工投來異樣的眼光，其中有懷疑、忌妒、不信任。我也聽到有人說：「憑什麼是她？」在虎視眈眈的圍困中，我無人可訴說，我只想說：「欸！

不是我自己要的，我也是被逼的啊，我還想再等三年耶！」師姐又不在身邊，在這裡我完全失去依靠，只能靠自己堅強起來。每天只有在迎接信眾時，因為小太子五分駕的原因，我全然做小太子的分身，外界一切是空，誰的議論和不友善眼神都與我無關。

就這樣，如夢一場，我獨自撐過這十五天。在小太子退駕後的閒暇時刻，其他人依舊一再議論：「為什麼是她？到底憑什麼啊？」還有人直接跟我說：「妳不要再來了，大家都只是義工，妳在那邊裝什麼裝？」就是逼我即刻打包離開。這時我都保持靜默，畢竟層次不同，解釋也多餘。

更有對我極盡羞辱的惡人惡語。宮廟附近是山坡地，有塊供人休憩的場所，我也會到那裏調養生息，放慢腳步，放鬆心情。這天遇到幾位義工在那抽菸聊天，其中一位斜眼看我，語氣很差：「我問妳，妳幾斤幾兩重啊？憑什麼小太子找上妳？妳還是查某耶！咁有可能？」

我恍惚了一下，隨即輕鬆說道：「我是小太子喔，小太子我並沒有做法律不容許的事喔！不像有些人關了出去，出去又被關起來。」大夥突然安靜，驚訝地看向我又看向原本兇巴巴的那人。只見這位老兄瞬間閉嘴，什麼都沒說就跑走了，此後再無任何人議論我。原來，這位義工曾幾度犯案，至少蒞臨過監獄兩次，而這件事只有少數人知道。

五、不得不隱藏乩身——繼續靈修，發願與神同行

經過我「哭喊阿母」，以及數次小太子五分駕，我已知我是三太子中的老么，小太子感知我的恐懼，才請「母娘」即王母娘娘下凡來保護我這個老么的乩身。

但我的「乩身」身分「露餡」之後，我無法再到師姐的宮廟去靈修或擔任義工了，我不願意也不需要再面對任何不友善的面孔。我知道，這些義工擔心我「撬走」宮廟的信眾。我本一片好心助人，人卻以扭曲的面孔對我。由此，我發願，有一天我將自己開設佛堂，走上和小太子、母娘「與神同行」的這條路。

只是，身為小太子乩身的我靈感很強，身邊常有人像問事一樣來找我問東問西。我很擔心只要一被問，小太子又來了個「五分駕」，會嚇到身邊的人，所以，我一直小心隱藏自己的能力。更何況目前的我不在其位，不謀其事，一旦被「啟靈」，就要「直下承擔」，也許別人的業力會轉變成由我承擔，這並非我目前的能力可以避開的。我很清楚知道，必須經過在大廟修行，才能在解決別人的問題時，同時避開來者不善的事物轉移到起乩的人身上。因此，我發願繼續靈修。

二　靈修的開端——前世與惟覺老和尚師徒情深

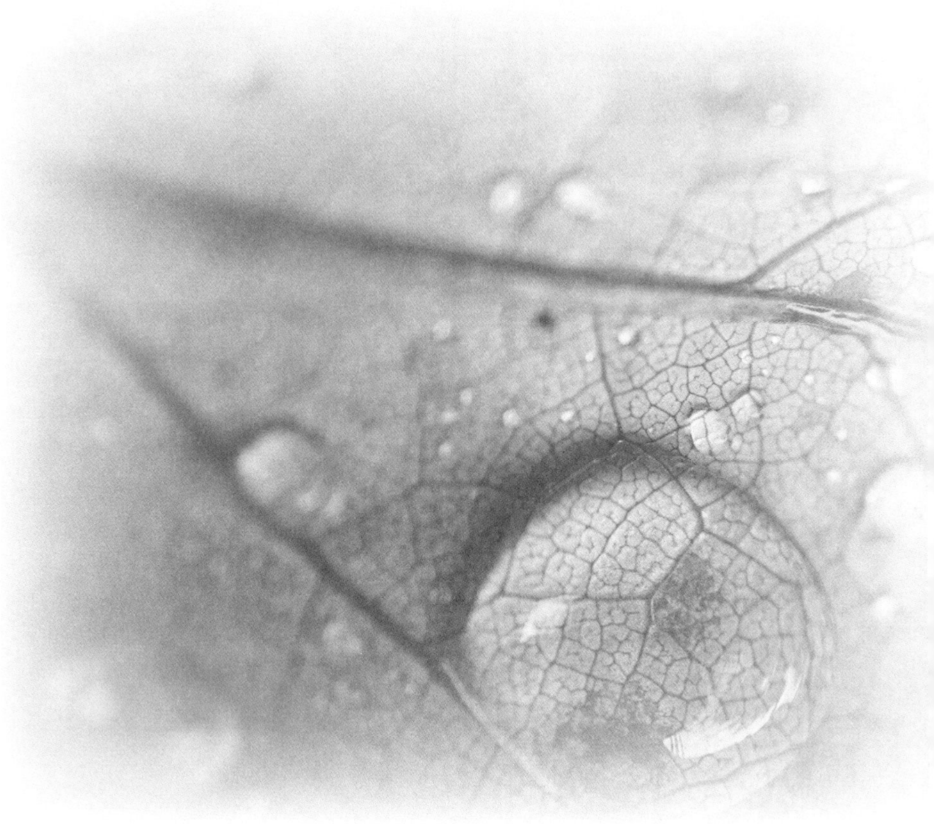

第三章 靈修路多崎嶇——得王母娘娘聖旨，與小太子有言在先

第三章

靈修路多崎嶇——得王母娘娘懿旨，與小太子有言在先

一、法鼓山打禪七全身散架——從起身舉步維艱，到行路身輕如燕

跟法鼓山的結緣非常奇妙。我在林口的住家相隔不遠就是法鼓山的林口辦事處，我在那居住多年，卻從未踏入過一步。二〇一八年2月的一天，我在辦事處前走過來走過去，遲疑是否要進去，想想，算了，改天吧！這時，小太子說話了：「趕快進去報名，妳要去提升自己啦！」我只好聽從小太子的指揮，乖乖地推開了那扇門。

小太子早就發現我的問題了。多年來我一直疑惑，我想知道一個生命從出生到死亡，這些路徑到底如何開始，如何結束？生存路上的荊棘要如何移開？此時的我非常挫折。找不到答案的我只能一直團團轉。當演員的我演的都是別人寫的劇本，什麼時候我能自己寫自己的人生劇本？這些日子以來，我到底在幹嘛？成就了什麼？我也問我的「美國隊長」——阿母，她的大能就像隊長的盾牌時時罩著我，她說：「妳不要煩惱，阿母幫妳扛。」那一瞬間，我好像看到了母娘下凡。

推開辦事處大門後，我二話不說填了打禪七的報名表，回家後等待法鼓山驗證資格。幾日後，我收到法鼓山詢問是否確定報名的信件，我在回函上打了一個大大的勾。退去了一個身為藝人的美麗妝髮，踢掉高跟鞋，換去華服，穿上樸素色彩的簡單衣褲，獨自到法鼓山報到。

法鼓山打禪七需閉關七天，這個禪修班是通過世界菁英認證等級的，來報名的同修不少是各行業的頂尖者，而我竟然被錄取了，我的歡喜可想而知。其實，十幾年前我曾發願要打禪七，可惜時機的掌握不在我，數次遇到臨時的通告打亂我的計畫。二〇一八年正是實現願望的時候，小太子要我提升自己的約定也必須履行了。

我抱著這七天不管是上天入地，被鞭笞被火烤，我都一定要悟到某些事物的決心而去。進場前工作人員第一工作是暫時保管來者的手機。拿去吧，我現在不需要。這七天誰都聯絡不上我，我才不在乎。

打坐必須雙盤，第一天，我的兩條腿像麻花一樣纏得很痛，感覺骨頭都移位了。第二天上下樓必須一手撐扶手，一手拉起大腿，再加上痛成一張哭哭臉，才能勉強行動。第三天我終於痛到哭出來，不只是我，我右邊的在啜泣，左邊的痛到五官擠得像小籠包。

主持我們這一班的是果稱法師，他問：「各位菩薩寶貝真的有麼痛嗎？問問你自己就知道，有沒有痛到一種清涼的感覺？」清涼？當時，我就「開」了，欸！不痛了，我感到身輕如燕，內在清爽，雜七雜八的東西都不存在了！我滿心歡喜，覺得自己「開悟了！就像全身心靈都洗滌過一樣」當時道行不夠的我還在得意，哪知，第四天到第六天，我又痛起來，而且是劇痛。下半身再度關節錯位，脊椎往左往右靠都是痛。

眼看明天要解七了，我對自已徹底失望。第七天，果稱法師放映聖嚴法師的開示，祂說：「所有好事都在第七天發生！」突然，我腳底的湧泉穴開始冒出清涼感，快速傳遞到小腿、大腿、腰部，直達肩膀、脖子再衝到頭頂。我要下座時已沒有「我身」的感覺，腿失去疼痛感，身體失去重量，全身骨頭都乖乖安在其位，我能站直身體，邁開大步前走。不可思議！原來這就是法喜充滿的感覺！

這種法喜好不容易燒開了我這一壺濁水，幸好，我沒像第一次被「清涼」沖昏頭自以為是，而是要乘勝追擊。我立刻接著報名高階禪七。正想精進，我卻連著兩天拉肚子，無法進食。我知道，我其實在排除身上的毒素，此時絕對不能因身體不適打退堂鼓。有法師看出我靈修的決心，但擔心我才要進一步修行就傷了身，對我有勸退之意。我恭敬回他：「寧凍千江水，莫擾道人心。」這話是我本人說的，還是小太子說的？我想，是我跟祂共同的想法：拜託不要給我立下障礙，不要打擾我，日後若有功德，我一定跟你們分享。

師父勸我暫時放，但我不捨，這個不捨是我的「道人心」。不久，我循著自己的意念，做出決定，在還未解七時，我決定剃度出家，法號「傳蓮」。

二、法鼓山參話頭、默照靈修——
機緣已到求精進，剃度出家法號「傳蓮」

為什麼出家？因為，我知道不能只靠乩身的遺傳，就自認為帶有天命，我必須繼續修行，更精進靈修，才配領這份天命。

二〇一九年，我參加了法鼓山為期49日的「參話頭」，緊接著參加49日的「默照」。「參話頭」這項有幾個班，我想參悟的是什麼是「無」。現在，在念佛的是誰？拖著死屍走的又是誰？「無」是什麼？如何拋開「有無」的執念妄想？每天，全班同修一直唸著「無到底是什麼？」我們都知道「本是無一物，何處惹塵埃」，若無一物，那麼，自己又是誰？找不到答案的同修們大喊大叫，發瘋似的踢著雙腳，雙手舉向天，如向菩薩追問。我自虐地喊破喉嚨，又用「自心一處」來消除妄念，除此大問之外，不作第二念想。我們每天三百拜，我卻一千拜，榨乾身體，逼出所有能量在所不惜。

我放下之前頗重的法執，「打的念頭死，許汝法身活」，意指人有兩條命，一色身，另一是法身。色身我可以不要了，法身一定要留著啊！有三天我不吃不喝，不知疲憊倦怠是何物，身體動力就是源源不絕。原本在四肢和身體扭動會狂出汗情況下，我卻感覺清涼。法身悟到的是從有到無，無之後依舊是無，對萬事萬物不需不捨，因為終歸是無。且佛來佛斬，魔來魔斬。「參話頭」是一種「看穿」，「看穿萬事萬物本質」。經此一悟，我把「參話頭」列為必要功課，至今繼續修行。

「默照」時，我的法身進入到另一種狀態，竟然在半夜見到大太陽，我正感到不解，回女生所住的東單房，卻看到人人在入眠。因為幾天沒進食，我到茶水間泡了牛奶配餅乾充飢。應是過久未進食，食物一入口瞬間噎到，返回色身的我無法呼吸，也無法呼救，只能用手挖喉嚨，用力把食物挖出來，接著猛吐，地上都是鮮血。那一刻我想的是，我的色身可以消亡，但萬萬不能死在這裡，否則上了社會新聞，對法鼓山有不良影響。

等我緩過勁來，我又開始反思「無」。參透了的，看破了的，儘管可以「無」，但我們身邊還有愛著我們的人，他們不見得懂得「無」，勢必為親友的消亡痛苦傷心。那麼，這種「無」是一種惡，而非善。這個差點噎死的過程又給我上了一課：「有無並非人人知，知者當用以助人」。

三、靈修有成緣分俱足——擲筊皆聖杯，王母娘娘宣懿旨願為主神

第二次出家是在汐止廣修寺，法號「傳蓮」，當時我已有自己的佛堂，仍砥礪精進靈修。金山附近有個瀑布，我常到那裏任瀑布往頭頂沖下，心無旁騖靈修，殊不知，挑選這地點十分危險。下大雨時，水勢增大，其中還夾雜大小落石，一砸到腦袋，我就完蛋。我完全不顧及這一點，進入到雨打不到我身，時間空間俱無，似有金剛護體狀態。就在我「內不出，外不入」，雨和自己各處於兩個世界中的境界，有其他靈修人士迅速把我從瀑布底下拉開，瞬間身後傳來轟然巨響。原來是一顆大石沖刷而下，只差毫釐，我就要向小太子說：「不好意思，來世再做祢的乩身了。」

後來，那座瀑布在歷經長期的雨水沖刷，水量豐沛下，已消失不見。

回到自己佛堂主事，遇到人問事，小太子來了，有時三分駕，有時五分駕，這孩子仙真的皮的不得了。我想，應該請位「阿母」當主神，來好好帶領祂和我。我問小太子意見，祂嘟嘟嘴，又笑著點頭。因為之前在台中宮廟的經驗，我跟被我稱為「阿母」的母娘很有緣份，在仙界，年長的仙女都有母性，但我能有幸請到母娘來相助嗎？

二〇一九年，我幾度到主神為虛空無極王母娘娘的花蓮勝安宮請領黑令旗、寶印、聖旨、尚方寶劍。一次只能請領一種，必須三次聖杯方能請得。若無，三個月後再來。聽說有人一年多來了好幾趟，都不得懿旨，空手而歸。幸得母娘愛護，第一次我請得小旗和黑令旗，第二次請得三寶印。第三次請得尚方寶劍。三寶印意義尤為重大，「見印如見母」。我趁勢再請示母娘，可否聖駕於我的佛堂擔任主神，又得三聖杯，母娘同意了！

一切順風順水得天助，廟方敲鑼打鼓宣告，法音上達三十六天，下達地府，表示我接到神旨，榮登神人靈之間的「調解委員會」成員。

在得王母懿旨之前，我一直盡力更上一層樓，向各方修道人請教道法。最獲益的是接觸了主奉三清道祖的「中華普世道派」上一任掌門宗師謝沅瑾。拜他為師之後，我深感必須再精進學習，因此到宜蘭道教總廟三清道祖宮廟上課學習道法，歷程頗久，簡直像大學生般要上大約四年的課程。經過培育養成之後，終於獲得中華民國道教法師聯合總會認證，取得道旨，正式具有發符令、為人辦事資格。謝老師見我像考大學般停不下來的用功，也被我這傻勁感動，命我為下一任「中華普世道派」掌門宗師。回頭看去，一路高高低低走來，千辛萬苦，尤其道法無上，課目繁重，上課時眼見有「同學」被當，唉聲嘆氣，使我更戒慎恐懼，也更確定自己「我為人人」的目標。

四、成立林口三寶佛堂——

與小太子約法三章，為眾生行大能

在開設林口三寶佛堂時，我已得母娘懿旨，任命我為小太子乩身的孩子仙說，祂要與我「約法三章」，祂要求我：一、信眾來找，不可躲起來，必須出面為其解決問題。二、不得再行男女之事。三、信眾所布施錢財，在運作佛堂所需之外，必須適當分配，支持公益。我怯懦地舉手，「我也有一事要與小太子商量。若信眾不來佛堂，我不做向外拉信眾的事。」小太子一笑說：「這點我心裡有數，妳不用擔心。有緣的自然會來找你，無緣的過門都不入。」我聽了心中歡喜，雙方達成協定，一拍即合，我暗祝我與太子合作愉快。

三清道祖宮廟和勝安宮是林口三寶佛堂的發源地，是我們佛堂辦聖事的主力來源。雙巨龍加上母娘和小太子位居要津，慈悲的母娘洞察人間悲喜，要探聽三世因果恩怨大小情事，就由兒子小太子上天入地去訪查。祂母子兩的責詢人間事、探聞因緣果報，透過我和信眾溝通，分工清楚。母娘和小太子對我說：「靈修得果，正是時機，因緣已足，該行大能，為眾生做事了。」

第四章

婚姻離合器——

昨日誓言今日成空，婚姻到底怎麼了？

第四章
婚姻離合器——
昨日誓言今日成空，婚姻到底怎麼了？

結婚是兩人共度一生的承諾，但就像有人說話不算話，說過的誓言像風中的承諾一樣，男的外遇了，女的翻牆了。大人出去開心擴展自己的「社交生活」，卻完全忘了原本在兩人愛的交合下出生子女的心情。直到雙方感情維持不下去，討論離婚時，被忽視的孩子又被拿出來當籌碼，「不忍心孩子被人說是單親家庭的小孩」、「一定要搶到孩子的監護權，一周才見孩子一面，我怎麼能忍受？」一時之間，孩子在兩者之間拉鋸，處境可憐，情景諷刺。

若兩人相敬如冰倒也還好，女性如果嫁了「狼人」，遭遇不足為人道的不在少數，天天被家暴，當初結婚多風光，今日婚姻就有多慘。婚姻是因果業報的現世展現，不管結果是好是壞，前世種下的因，今生必須討到一個結果。母娘慈悲掌管人間愛恨，小太子個性耿直不容說謊與不忠。祂倆親駕林口三寶佛堂，一解在不幸婚姻中人的憂與難。而有上一輩對離婚的考量往往是年輕一輩想像不到的。

一、老公外遇——他不愛我了我好心碎，帶子跳海是脫離苦海最優解嗎？

這位氣質優雅、身材曼妙的女人，有一雙在社會上歷練過，能洞悉人心的漂亮眼睛。但是，她看不清自己的婚姻怎麼會走到這一步？

通常為婚姻而來問事的女子，還沒開口就是哭泣，眼淚和鼻涕齊流，完全不顧形象。這時，我會把她們帶入另一個比較舒適的空間，尊重她的隱私好讓她暢所欲言。

男人有錢就搞怪，這話一定是過來人累積而出的經驗談。儘管她的外貌已是眾多男子仰望而不可得的漂亮女人，事業成功，每月薪酬數十萬。但是，老公也很會賺錢，而且，心完全不在她身上。「才結束一段婚外情沒幾天，他又出軌，不是上酒店，就是跟人去會所。當初他追我追得要命，我在幾個追求者中考慮很久，決定嫁給他，怎麼結果是這樣？」

愛情是一種奇怪的東西，它的獨佔心到達百分之兩百，婚前說是你儂我儂，兩位一體。婚後是「我泥中可以沒有那麼多的你，但你泥中一定要有全部的我」。如果有第三者插足，忌妒心甚至能引起殺心：毀了別人，或是毀了自己和孩子。

其實，這位太太還是愛老公的，如果和兩個孩子一起好好生活下去，這會是一個人人稱羨的家庭。愛情是雙向的，單向的愛勢必折枝。在她擦抹了一把眼淚之後，我說：「妳不要再做傻事，不要再開車帶孩子去海港邊了。」她抬起頭訝異地問：「妳怎麼知道？」

「小太子說妳已經開車帶孩子去海港兩次，打算連人帶車一起沉入海裡。」

「是的！我要跟孩子們同歸於盡，我要他後悔！」她大眼圓睜，非常激動。

「沒有別的辦法嗎？」小太子要我問。

「他不肯離婚，我早就知道他把我當擺設。」

「母娘說，他不會離的，這是因果。妳只能改變心態做好自己，也許日後他會知道妳的好。」

「我不要！我要他後悔一輩子！」她又痛哭起來。

我把手上的整盒面紙塞到她手上。好像要再訂購面紙了。林口三寶佛堂的信眾多是女性，有時說到傷心處，很容易掉淚。這陣子就來了不少婚姻失利的信眾。不夠用，面紙真的不夠用。

「母娘要我轉告妳，妳不如把重心放在孩子和工作上面，妳轉移生活重心，雖然目前離不了婚，也不至於一直關注老公又出軌了，這樣痛苦下去，對妳和孩子都沒有好處。而且，離婚就會好嗎？下一世呢？是不是再度前世未了今生折磨？」

她是個聰明的女人，聽完母娘的這番話，她表情較為平靜了。站起身說，回去會好好想想。畢竟她也是個女強人，還有重要的事業要經營。

她沒再來過，那陣子我一有空就上網以「老公出軌，怨婦攜雙子開車投海」等關鍵字上網找新聞，擔心她終究沒過自己「愛之深，情之執」這一關，幸好沒有。但在商業欄的新聞中，我看到她紅光滿面參加旗下事業開幕的新聞報導。我知道，她走出來了。

二、偽善家暴男不離婚——
神明看不下去，他轉頭簽下離婚書

家暴不分種類，有的男人在外面吃鱉，回家就把老婆和孩子當肉包子打。有在外事業地位財富兼具的衣冠禽獸，在外人模人樣，在家沒一家之主的樣。這些「情少想少」的人暴力層級只會越來越高，打巴掌，揮拳頭，甚至腳踢，用腰帶鞭打，使用工具折磨人。女孩子明明是為美滿的婚姻而結婚的，怎知遇到家暴男。更可恨的是，婚前的這位暴力慣用者完全看不出跡象。

這位住在台中的太太被老公家暴六年了，她帶一雙兒女來佛堂，想知道上天諸神是否同意她離婚。因為，老公很偽善，不想放她自由，理由是怕離婚之後人人皆知，「他們會用什麼眼光看待我小孩？我不要我的孩子被同學貼上爸媽離婚的標籤！」太太跟我說：「我已經去過幾家宮廟了，他們都勸和不勸離，說夫妻之間難免互相動手，說要為孩子忍下去啦。但我真的受不了了啊！」

她的眼淚流過粉妝都遮不住的淤青。孩子拉拉媽媽的衣袖，顯然，女兒也知道母親在受苦。直腸子的小太子氣呼呼說：「這是什麼話，換他們去被打看看啊！」

一位師姐過來把孩子帶出小房間，見孩子不在場，太太終於說出心酸事，「他每天都逼我做那件事，把我打得到處是傷，晚上我還要滿足他，到底憑什麼？」我們一愣，她開始爆哭。這不只是家暴，而是罪加一等：性暴力。

小太子今天很生氣，叨叨唸著：「要離，必須離！」沉穩的母娘說：「這種相欠債，有可能來生以別的形式再來一次。不過，如果家暴危及性命安全，為了保護自己和孩子，還是離了比較好。」母娘又重重叮嚀：「但是，即使離婚，你們還是要做友善的父母。」

原本，太太就已驗過傷，上法院拿到家暴令。如今傷人事一再發生，法院要他們先調解。調解兩次都未成，而且對方態度十分強硬。第三次調解再沒希望的話，就只能上法庭，進行可能曠日費時的訴訟。太太說：「這次我在法院抱著一定離成的信念，一直唸著『母娘、小太子請幫忙』。」

不久之後，第三次調解。他們雙方才在調解桌旁坐下，負責調解的人員開口問是否願意離婚，她老公說，想在調解室外想想，兩分鐘後他回來，拿起筆就簽了字。這下換太太吃驚了。一定是母娘看不下去，請小太子前去當小幫手了。

太太再度來佛堂時連聲感謝，承諾會照母娘所說「做友善的父母」，會在最大程度上，與前夫一起負責孩子的養育問題。

三、恐怖的家暴示範——
人倫悲劇，女兒有樣學樣打媽媽

第三位就沒有這麼幸運了，她的老公簡直把自己當格鬥選手，只因為一點小事，就像練武術一樣，對她拳打腳踢。她為此報警多次，她兩個女兒分別18歲和13歲。每次爸爸動手，她們怎麼哭喊「爸爸不要再打媽媽了！」都沒用。

母娘說，姊姊和媽媽的緣分比較深，妹妹長相和個性隨爸爸比較多。太太說：「他同意離婚，但一個孩子都不給我，可是，我一個也都不想讓。」

後來她帶孩子離家另擇住處，沒想到，她還是被打，動手的是小女兒！「她只要抓到什麼就往我身上丟過來，再衝過來抓我頭髮。你想不到，一個13歲的女生力氣竟然這麼大。」她拉起袖子，整條手臂都是抓痕和瘀青，「我被打的沒辦法，只好打電話報警。」

有次深夜二點鐘，我接到這位太太打來電話，她崩潰爆哭，說小女兒不見了，她現在開著車，到處尋找。母娘要我叫她穩住情緒先回家，「40分鐘後，小女兒自然會回來。」我無法入睡，一直擔心她想不開或發生什麼事。40分鐘後，她接到小女兒電話，「媽媽，來救我！」接著指路，在陽明山上的哪條路拐到前面有店招牌後的那條路，接下來再拐這拐那。就這樣繞呀繞，終於找到瑟縮在暗夜中的小女兒。

恐怖的是，她獲救上了車，問她怎麼來的，她卻什麼都不說，一路狂罵三字經，發出怪聲。小太子說，是爸爸引來了不好的東西上了她的身。「不要理會它，它自動會離開」。經過一年不平靜的生活，最後小女兒多數時間已經受控，不再對母親行使暴力。這件事說明了，一個家庭一對夫妻不和睦，傷害最深的是原本心靈最清淨的孩子。大人之亂引來壞靈，趁機藏入心智有待培育塑造的孩子身上，惡果接連反噬到自身。

他們的離婚官司尚未結束，看來是一場極深的孽緣。母娘說，其實老公根本不想繼續婚姻，就是不甘心讓妻子稱心如意離婚，故意不給她好日子過。這種玉石俱焚的心態只是浪費生命，毫無意義。但因孽緣未了，在老公答應離婚前，我照母娘心意，建議她以「你不給我好日子過，我偏偏不甩你」的心態生活，等待時機，分手快樂。

四、男被家暴戴綠帽——

癡心一片，我仍對妳一往情深

有位中年男士慕名「林口三寶佛堂」而來。他戴眼鏡，一臉斯文，在公家單位上班。隻身而來的他帶來三件衣服問事，小太子說：「兩件你孩子的，你老婆怎麼沒來？」小太子知道另一件衣服屬於他太太的，又問：「你要問你老婆的事？」

來佛堂問事是有流程和規矩的，如果問自己事，自己來當然沒問題。若要問血緣至親的事，就帶上他們的衣服，報上姓名、地址、生辰八字。若要問他人事，母娘和小太子不應允。

男人眼紅紅、點點頭，他說，他和太太認識多年，結婚近十年，「我很愛很愛她，剛結婚時有甜蜜時光，可是之後她就變了，她開始打我，我不能還手，因為我怕傷害她。」我看他體型也不算太瘦削，想像他老婆體格很壯嗎？又為何這麼暴力對待丈夫？

男人囁嚅說：「我太太一年沒回家了，我知道她在外面有別人，可是怎麼辦呢？我還是愛她呀！」一旁的義工見男人已經在哭了，就叫其他人先走開，給男人盡情宣洩的空間。他說，他怎麼都聯絡不上她，來無影去無蹤的老婆只偶而回來看看孩子，然後又消失不見。

小太子問：「老婆的脾氣是不是很不好？還喜歡喝酒？」男人吃驚地回答：「對，她打我都是喝酒之後，看我不爽，就揍我。」小太子又說：「其實婚前她就打過你，已經有暴力傾向了。」男人說，當初結婚承諾過不跟公婆同住，但他認為自己在父母和老婆之間，可以一碗水端平，兩邊都可以拿捏輕重。可是公婆不喜歡媳婦，矛盾還是發生了。他說，希望小太子和母娘可以幫忙挽回老婆心。

母娘嘆氣說：「愛到這樣，打人的很爽，被打的也開心。」小太子說，他老婆在外已經有朋友，從她身上騙走了將近百萬元。男人連忙揮手說：「我都知道，也不在意，我還跟蹤過她一小段路，看到那男人的長相。」

母娘說，這事情不好處理，主要是這位老婆的負面個性太強大，人很有脾氣，老公這麼愛她，兩人已經有孩子還在外偷腥，會動手打人，隨便給予人錢財。樣樣都不好，等於用一條繩子拴住九頭牛，要牠們一起回頭，難上加難。「但是，辦法還是有，先來個緩兵之計。」

因被騙了錢去投資，這騙子男鼓勵這位婦人回家要錢來補坑。於是，男人照母娘所說，「不起糾紛，不吵誰對誰錯，她回來要錢就給她一點，下次再來就再給一點。」因騙子男急需要錢，婦人無法給出大筆金額，厭煩了自然會離開，婦人也就知道自己上當，受了教訓自然就乖乖回家了。

至於何時回家，是否回家之後不再「鬼迷心竅」，真正「回心轉意」，母娘建議給「觀察期」，兩人見了面不追問歸期，等婦人清醒之後，知道誰對她真正好，就是她改變的時刻。

說來說去，清官難斷家務事，有母娘指點固然重要，還要看這人是否有自覺，因為裝睡的人叫不醒。一年後，男人重返佛堂表達感謝之意，帶著他曾是「悍婦」的老婆前來。還是看得出婦人氣勢很強，但至少和老公手牽著手，兩人看來是一種另類的幸福。重要的是，他們過得開心最重要，不是嗎？

一般來說，男性體格強過女性，有的收入較多，給了他們自詡為「一家之主」的身分認知。可是，在來問事的案例中，不乏因為老婆兇悍、亂花錢、離家出走，「我愛老婆，老婆愛別人」的緣故來尋求幫助。在這個時代，已經不是說話大聲就是王，反而是用情較淺的一方不易受到傷害，因為有較高的主控權。與令人痛心的社會報導情殺事件相差極大，有些男性在老婆出軌之後，仍不願放手，苦等她回頭。

這樣的「情執」，好聽是「一往情深」，在多數人眼裡卻是「大笨蛋」。母娘說：「感情事，他人事，莫多議。」每個人都有其所愛，有的是可以融化的冰，有的是直直往前射出不回頭的箭。處理感情事要有放下的決心，正如小太子所說：「不是自己的，再求也沒用。」更要有智慧，轉個彎用點方法，可能對方碰壁，自我反省就回頭了，正如此例，足以參考。

五、無法生育強迫離婚——別找藉口，你只是不愛了

有對夫妻一同前來，是那種外表看不出有錢，但其實超懂賺錢之道的蔬果類批發大王，老闆來，一臉堅決，老闆娘也是，兩人的表情像是來打仗。

老闆說：「結婚很多年了，我老婆一直生不出小孩，去檢查，說是老婆的問題。好！醫生沒辦法，我就到處去點元辰燈、藥師燈，拜託老天賜給我一個小孩。」他說的一臉悲痛，伸手擦額頭汗珠的手腕上勞力士錶金光燦燦。

他繼續說：「醫生說，要麼人工受孕，這是最後辦法，可是我老婆打了很多針了，還是沒消息，就是不會生。」老闆娘說：「你哥哥他們都有兒子，根本不用擔心你家斷了血脈，你只是找藉口——」

老闆搶話說：「妳在講什麼？」老闆娘說：「你就是想休了我，去找其他女人

啦！」老闆哼一聲：「我為妳點燈耶！連新竹都城隍廟都去了。」我說：「小太子說，不對喔！你根本沒去都城隍爺那邊點燈。」老闆娘回說：「對啊！你騙人！一句話，你就是不要我了，如果我不同意離婚，你說要去找別人做小的。」老闆被小太子戳破真相，整張臉脹紅。此時，我們公寓晃動了兩下，小太子說：「你把都城隍爺都氣來了，祂老人家在這。」老闆低下頭說：「對不起、對不起，我是一時沒記清楚。」

後來這對夫妻在哭鬧一陣之後離開了。母娘說，其實老闆早有離婚打算，這趟是來找神明附和他，要相伴多年的老闆娘有自知之明離婚走人。隔不到一個禮拜，這位老闆買了好幾箱可樂來給小太子，我們佛堂在四樓，他一箱一箱親自搬上來，誠意十足。我想，他可能擔心冒犯了小太子，因為他第一次來時就被小太子戳破謊言。我們頭頂有神明，我們自己有清亮雙眼，信眾一來是真誠問事，還是來試探，或有其他目的，往往一看就知。

母娘認為，如果留不住，就不需強求，終究我們是一個人來世上，也將一個人離開。這中間的生活是好是壞，只能靠自己用心維持。如果認為結了婚就是一生一世，在這多變的世上，這種心態可能會是奢求。雖然遺憾，但還是過好自己的生活，而不寄望在別人身上，才是心寬意解的方法。

六、老公外遇離婚與否任她選——現實生活給答案，節衣縮食你能忍？

對於離婚，女性的考慮總比男性多得多，這都是受到過往老舊思想束縛的緣故。有句話說，「當斷則斷」，說的是事情考慮清楚之後就要儘快下決定。我受到母娘啟發「當離則離」。這是母娘與時俱進的想法，如果有挽回餘地，母娘當然「寧拆十座廟，不毀一樁婚」，但如果挽回了也是過著悽慘日子，被家暴、被冷暴力，被視若無睹，這種婚姻持續下去有意義嗎？

有位來自新竹的太太問我，她和老公貌合神離已久，她倒是無所謂，「我自己覺得還好，因為說實在的，除了孩子，沒有誰特別讓我牽掛。」那麼，為什麼還要來請教母娘和小太子意見呢？她說：「覺得離婚有點麻煩，有些文件要去公家單位更改，遇到家庭聚會，還要跟他們解釋，想到就累。也不知道離了對自己會不會比較好？」

這位太太個性挺帥氣的，我問她對方的離婚條件，她說：「他很有錢，我們經濟上一直都過得很好，如果離婚，會買一套豪宅給我和孩子，孩子念私立名校，名車任我選，贍養費也給的挺多的。喔！對了，還有一張卡供我無限制刷。」我兩手一拍：「那還不離？」她驚訝地睜大雙眼看我，「哪有這樣勸人離婚的？」

時代不一樣了，離婚是為了保障自己，是為了挽救過去決定結婚的錯誤，重新開啟人生下一篇章，以不枉此生。「很多婦女不願意離婚，因為老公不想付贍養費，不認為自己有錯，一句話，就是把女性壓落底。但妳這位公對妳有感恩之情，感謝妳陪他走過一段時光，還幫他生了兩個小寶貝。你們只是走到現在處不來，婚姻無法再繼續再挽回。不管妳想不想離婚，對方都願意給妳金錢上實質的照顧。這時候，你應該務實考慮，對方是否能滿足妳生活上的條件吧。」

「說的也是，反正他常常不在家，現在出軌了、外遇了，我也隨他啦。」母娘正色說：「如果妳不離婚，但要立下條件：一是不可以帶外面的女人回自己家和婆家，二是規定他每周至少回家報到一次。」太太兩眼一亮附和說：「對喔！一禮拜回來一次，不然老娘都不知道你是否還活著！」我和她互看一眼，大笑起來。

母娘的解決方法甚得她心，她頻頻點頭說：「母娘說的還真有道理呢！」她離去時背影瀟灑，我相信她已做了最適合她和孩子的正確決定。

七、嫁到小氣家族日子難過——

若離婚不成想一死百了，母娘出手他簽字了

從苗栗來的小琴留著長髮，是個水噹噹的女人，卻嫁了個很小氣的老公。小氣倒無所謂，如果把老婆放在手心上疼，這樁婚姻也值得了。小琴說，為了避免被老公指責亂買東西，她上個菜市場都要一再比價，雨傘壞了，「精挑細選」狠下心買了個「高價」2百元的，老公還是不爽：「妳補一補還可以再用啊！」每次一回家就以火眼金睛四處巡看家裡有無多出什麼東西，若家中出現新品，老公就問：「這東西多少錢？不能不買嗎？」

「白眼都要翻到腳底了啦！我都不敢跟人說，我老公是是窮酸鬼。」老是被指責花錢「大手大腳」，小琴有時氣不過就頂嘴，老公一氣就給她巴下去。如果小琴還手，老公罵得更兇，拿古早時代什麼「嫁夫隨夫」的古板教條教訓她。小琴握緊

拳頭說：「我真的快瘋掉，他全家都很省，如果看我不順眼，那就離婚啊，偏偏他就不！」老公會故意捲起報紙打她，力氣不大，但侮辱性很強。

那麼，只好打官司了。每次到了法院，都要先到調解室報到。一樣的事由已向調解員說了幾遍，她老公就拒絕了幾遍。小琴說她好幾次都想自殺一了百了。但想到為了這男人尋死，實在不值得。於是她換了個方法，走遍各宮廟、道場以求安慰和解決辦法。

她說，台灣從南到北，她已經跑遍六、七家了，那些師父說的話她想到又要翻白眼，「他們說，還好啊！又不是往死裡打，那妳就別買嘛，這樣就好了，為什麼一定要離婚？」

直到來到林口三寶佛堂，小太子聽到她的問題竟然笑出來，母娘有點生氣，但也知道小太子為何要偷笑。這件事，祂們母子兩自有打算。母娘說：「妳祭改一下，下個月再來，開庭前再來一次，妳看看到時候情況是否有變化。」於是，小琴又來了兩次，每次都要痛罵她老公。我們聽多了，只好任她自由講述，盡情發表，給她宣洩情緒的空間。

她再來的時候紅光滿面，差點要在母娘和小太子面前跳起舞來，「說也奇怪，我跟調解員講完那套要訴請離婚的說詞之後，我前夫拿著筆喃喃自語，然後就簽下去了，我自由了，好高興，我終於自由了！」我能不替她高興嗎？我舉起雙手跟小琴擊掌，整個佛堂都為她歡聲雷動了！

生活不管富裕或不富裕，都有對自己好的方法，身為較弱勢的女性，更要把自己想追求的人生，方方面面考慮個清楚，設想個明白。好的我們把握，不好的請滾開。比如，無法帶給妳幸福的老公，就再見不必相送了。

八、擔心離婚後無人祭祀——何須在意身後事，過好現世才不枉此生

將近70歲的陳太太來到佛堂，她身體頗健壯，一般這年紀要爬上老公寓四樓，不是大喘氣，就是要坐下休息好一會，陳太太都不用。我知道她一向很注意身體健康，早上到公園快走半小時，回來喝牛奶、吃一顆蛋、一碗燕麥粥。三餐蛋白質、碳水、脂肪攝取均衡。

但很不幸的，她的精神狀況出了問題。她老實說：「師父，我上次來是半年前，我這段時間住了療養院兩個月。」我跟她說：「自己要看得開，現在妳看重的事，以後都根本不是事。」我知道她的顧慮，幾年前她老公外遇，很少回家，後來乾脆要跟她離婚。都已長大的孩子都站在媽媽這一邊，痛罵爸爸「忘恩負義」，當年要不是媽媽拿出娘家給的錢挹注爸爸的事業，爸爸早就破產。

但我實在沒料到，陳太太不能承受負心的人，嚴重到要去療養院調養精神。我知道她掛意的事，我儘量放輕鬆，像聊天一樣地說：「我最近看了一本日本人寫的書，叫做『無緣社會』，裏頭提到，在日本，多數亡者的墓地在50年後就不再有人祭拜，也被人遺忘。所以，與其煩惱明天葬在哪裏，不如好好過眼前的日子。」

「50年？這麼短的時間啊！」

「是啊！妳已經幫陳家養大了三個孩子，就算現在離婚，妳也早就有資格進陳家祖墳，根本不用擔心沒人祭拜。」

死後不知被葬於何處，後代不來祭祀，是陳太太內心最大的恐懼。我開玩笑說：「就算妳要進姑娘廟，陳太太也不是姑娘了啦！」陳太太噗哧一笑。

陳太太立即打電話，中氣十足罵兒子：「你說你這麼愛看書，為什麼沒看『無緣社會』這一本？師父跟我一提點，我就感覺好多了。」

母娘提醒我，為了鞏固陳太太的精神狀況，支持她在離婚與過好眼前日子之間選擇後者的信念，還是要幫陳太太做祭改。我請她脫下襯衫，蓋上母娘的寶印，「以後他再談離婚，就穿這件母娘加持過的戰袍，把妳該得的拿回來。其他時間，多出門逛逛，出國拓展視野，妳會發現，跟妳離婚有損失的是他，得到更多的是妳。那個女人可能不會跟他很久，而妳已經看遍了全世界。」

在台灣，不少大家族擁有祖墳，有的只限於男性家族「入住」，有的完全甩掉過去男尊女卑的限制，就算是女性亡者，都可以繼續和族人當「室友」。但不是每個家族都有共識，早已出嫁多年又離婚的女子到底算是哪家人？如何處理後事就成了較年長女性的恐懼。其實，人走茶涼，人走今生緣盡，即使無法進祖墳，任何有緣的人天上人間會相見。生於千年前的母娘都認為「不留遺憾，好好過完現世」比較重要。身後事，妳就不需庸人自擾了。

過去人家說「百年修得同船渡，千年修得共枕眠」、「一日夫妻，百世姻緣」，婚姻象徵著此生幸福、圓滿，走向人生的下一階段。但好花不常開，我們身邊曾經帥氣、美麗的「新郎新娘」預示了多數美好婚姻的難以成就。尤其每個人的出生、成長、價值觀的不同，能順利牽手共度一生的才能算是「千年修得共枕眠」。那種既內耗、困頓身心，甚至要獨自擔負起照顧家庭責任的，怎算好姻緣呢？

如果吃到不好吃的果子，我們自然會放棄不吃，那婚姻是不是也該如此呢？我的意見是，如果難吃的果子經過時間醃製、經過調料能改變口感，算是值得期盼轉好的婚姻；若果子壞了，再醃製也是徒勞，那就別吃了。婚姻也是，該放的就放，當作人生歷練，重新走向另一段旅程吧。

四　婚姻離合器——昨日誓言今日成空，婚姻到底怎麼了？

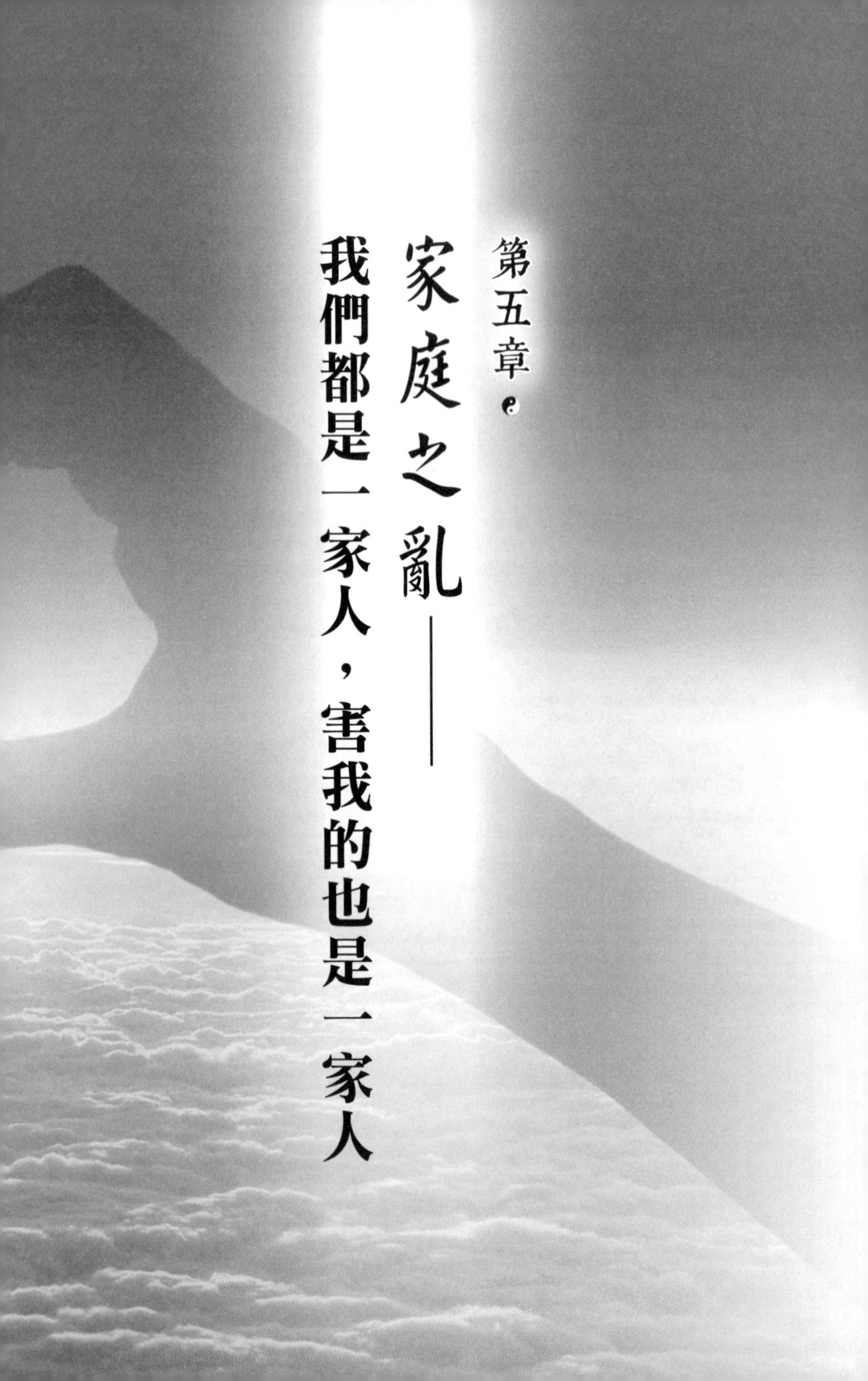

第五章　家庭之亂——我們都是一家人，害我的也是一家人

第五章

家庭之亂——

我們都是一家人，害我的也是一家人

佛說家人是因緣，人說是相欠債。我們不具有投票資格的事很多，生在哪個家庭不由你，誰當你爸媽你無法選擇，你的手足是什麼樣的人你無法決定。家庭可以甜蜜美滿，也可以是罪惡的開始。無論如何，只要你先做好自己，「我們不是因幸福而歡笑，我們是因歡笑而幸福」，那麼，你的家庭必定美滿，家人相處和諧。家，是我們生命的源頭。如何經營，是每個家庭成員的責任，把自己當成照亮家中的每個燈泡，你的家庭自然和諧美好。沒有相欠債，而是互相支持。

一、結婚50載老公頻出軌——
阿姨看破，找到人生港灣

在朋友的阿姨身上所發生的事例足證母娘對女性充滿關懷和溫暖。這位阿姨娘家在竹東，嫁了個同鄉。姨丈很有生意頭腦，在台中投資土地、房產，累積了不少財富。財富令人生活無缺，卻不一定使人過得幸福。

家中有金條，身上有鈔票的姨丈是個花心大蘿蔔，家有共度多年的另一半，但到處尋花問柳。心地善良的阿姨什麼都吃，就是不肯吃這個虧，兩人一為姨丈的風流事吵架，必定大打出手，誰都不讓誰。

兩個兒子和一個女兒，只有女兒是阿姨的支持者，因為，兩個兒子都擔心自己挺老媽，到時候分不到遺產。常聽人說，誰家男人不顧妻兒，在外「浪流連」，直到年老玩不動，生病了，沒錢了，才想到回家找老婆照顧。那位姨丈也是如此，前幾年他罹患癌症，女友跑掉，只好乖乖地回家，阿姨不念前嫌，給他無微不至的照顧。為了姨丈的健康操碎了心，帶他去就醫，做化療，料理適合癌患的飲食。住院不請看護，自己親自照料。所做的一切，旁人看了都說是真愛，阿姨也認為，如果老公痊癒，應該會念在世上只有老妻好，不再採路邊野花。

三年後，姨丈的癌細胞奇蹟地一掃而空，整個人紅光滿面，身強體壯。就在阿姨的錯誤期待之下，果不其然是錯誤期待——姨丈又開始四處找紅顏知己。阿姨難過極了，她打給我朋友說：「我已經想自殺了，不過，我不要死在台中，我現在就回竹東，找地方去死。」我聽了朋友轉述嚇一大跳，聽說阿姨向來是堅強的人，這次的打擊對她真的太大了。

我稟告母娘此事，母娘要我跟阿姨說，「先不管那些破事，就來林口住一陣子，先離開原來的環境再說，說不定有好事發生。」我朋友也知道，母娘一定有祂的安排，鼓勵阿姨來到林口三寶佛堂，我把五樓打理一下，給阿姨安住。

阿姨一來就開始指責姨丈的種種惡行，「他做生意常常臨時要錢，我到處幫他借錢。我幫他救回一條命，他卻完全不顧念夫妻情分，還有我多年來對他勞心勞力的照顧，我就算人沒死，心也死了。」阿姨拉起袖子和褲管，給我看他兩「一對一打仗」受的傷。

阿姨來佛堂跟著我吃齋修行，沒幾天狀態就看起來改善不少，不再叨念老公的劣跡。朋友的表弟有天打電話來報喜，說找到對象，而且對方懷孕，他們決定結婚共組家庭。阿姨很開心，忙跟母娘說，感謝幫她雙喜臨門。

阿姨原本只想住上幾天就回竹東，母娘卻有意留她「見識、見識」，她看了好多被老公打得更慘的婦女來佛堂問事，嘆氣說：「我被打就算了，這些小姐、太太都長得不錯，能力看來也很強，竟然還會被家暴，逆來順受也不是這樣的。」阿姨住了三個月，身心都受到很好的調養，尤其是來自母娘的教誨，完全轉變了她的心態。

我轉述母娘的話，「上輩子的緣今生還繼續，是躲不掉的三因果。妳可以做的，就是要認清，再回他身邊或尋死都不是辦法。雖然有因果牽連，但每個人都是獨立的個體，妳可以試著一個人過，輕鬆愉快。」阿姨頓時就開悟了，她擊掌說：「師父，我早該聽到這句話，沒想到來佛堂度假，改變我的餘生。」她打包好行李，說要回竹東自己的房子居住，距離住新竹的姊妹家也很近，不怕沒伴。從此，阿姨不再過問姨丈的風流事，照她的說法：「我現在是個有智慧的熟女，孝順的女兒三不五十給我孝親費，這樣就夠了，關於那個人，放生啦！」

二、小美女不顧學業想進演藝圈——

小太子看好她會紅，前提是先拿到畢業證書

2年前，三寶佛堂來了一位憂心忡忡的母親，她有個念輔仁大學的女兒，長相

甜美氣質佳口條好，是那種走在街上，人們會回頭多看她一眼的女孩。可惜，她還剩一年大學學業，就打算輟學，直奔演藝圈。媽媽很難過，怎麼跟她溝通都沒用。女兒乾脆躲到朋友家，不讓媽媽知道自己蹤影，學校也乾脆不去了。媽媽找到她之後，她又另擇「窩點」藏匿。面對這麼叛逆又意志堅決的女兒，媽媽無計可施。

這次，女兒終於被媽媽逮到，在一番爭吵後，媽媽只拜託她，「跟我去林口，我們去見子芸老師，見完之後，妳要怎樣，我都隨妳。」說也奇怪，女兒竟然乖乖聽話，跟著媽媽來到林口三寶佛堂。

母女倆一到，女兒就要求清場，義工們避開後她開始放聲大哭，說是媽媽不對，阻礙她的前程，說媽媽老古板，以為演藝圈是狼虎之地，怕她變壞，「不准給我進演藝圈！」。女大生說了一堆太委屈，就她自己沒問題。

我等她心情平復，轉述小太子所言，此女命格合乎演藝圈發展，至少以後能小有名氣，平常多努力，個性圓融一點，可以發展更好。女孩聽了大喜，給了媽媽一個「妳看吧！」的眼神。「但是……」小太子說：「妳必須要先拿到畢業證書，不然剛才講的很難實現，而且，妳如果再來佛堂，我不想看到妳。」女孩一愣，小太子說：「總之，妳拿到畢業證書再來見我，來，我們打勾勾。」小太子又允諾幫她拿到獎學金，好好把書唸完。一年之後的畢業季，母女手牽手來了，並向小太子亮出畢業證書。現在，女孩已經準備好往演藝圈一展手腳，前途可期。

每個人都需要支撐的力量，尤其是心煩意亂的人，他們來尋求幫忙，說出自己的苦處。慈悲的母娘有所感，帶著小太子在信眾前頭衝鋒陷陣，尋找問題所在。能解決的就提出解決之道，迫於因緣的就要我們修心、改變想法，這就是母娘「弘法」和「慈悲心」的力量。這份力量改變的是心境，為自己找回力量，或是給自己一個出口。正如小太子提出條件，要女孩好好努力學業，再給她成功的機會。

可別以為什麼都能求，若求以非法途徑賺取不義之財，這就是黑箱作業，這可是必須逮捕的現行犯喔。母娘說，不合乎祂弘法之心的，都不是功德，不要把心放錯地方，因為那必然不會成功。

三、不顧同根生，遺產更要爭——放下不甘心，敵人變隊友

錢財是很實在的東西，生活方方面面都需要金錢支撐；錢財也是很現實的東西，生活靠它，面子靠它，社會地位靠它，但打破很多關係的也是它。「我若認為該是我的，爭不到，勢必要搶回」，屢見不鮮的爭遺產官司，父母和子女互告，兄弟姊妹翻臉比比皆是。

這天來佛堂的是一位淡妝輕裝的小姐，乍看之下，她和一般信眾的穿著相似，

並無特別顯眼之處。但她來問事的內容卻牽涉了一筆上億金額的遺產。他們家是家傳的傳統產業，逐漸發展成上櫃公司。父母都已不在人世，所遺財產三兄弟和一妹妹協調不成，各自認為家產與股權已被哪位哥哥轉移或售出。妹妹尤其覺得委屈，父母並無傳男不傳女的道理，家裡的大管家也站在妹妹這一邊，但顯然她被分配到的遺產比例與兄長相差懸殊。

由是，四位手足展開數年的官司，互相指控的罪名有不當得利，控訴自己名下高達20萬張持股被轉移過戶，藏匿資產以及借債不還。四方律師希望他們調解，不要站上法庭，但終究還是走了上法庭這一條路。妹妹說：「我覺得打官司很累，也覺得我們從小一起長大，今天為什麼會走上這一步？但我就是不甘心。」

母娘要我轉述，「爸媽都已經不在了，你們自己亂了，外面的人還有公司的敵手會怎麼看？」我很惋惜發生這種事，我補充說：「母娘的意思是你們手足不和，只會『親者痛，仇者快』。放下不甘心吧！好好談，一定能談到你們想法交會的點上。」母娘要我繼續動之以情：「爸爸和媽媽在天之靈，不希望四個寶貝鬧成這樣，老人家會無法安息的。」妹妹聽了頗有感觸，她說，這幾年來他們彼此有事都透過律師，從來沒有親自對話過。決定回去後和其中一位哥哥聯絡。

她後來重返三寶佛堂，向母娘稟告目前結果，經調解下，她的股權獲得部分賠償，現金遺產部分，七天內將交付給她。她甚至在律師幫助下，幫哥哥們的官司重啟金流的調查證據，若其中一位哥哥勝訴，「他可能良心發現，會把屬於我的部分還我。」

妹妹那時經過母娘開導，兄妹之間情勢緩和，屆時事情結束，她會再返佛堂謝母娘恩。我倒是頗有感觸。因為一句「不甘心」，有人創造發明，促進人類文明發展，不只賺到金錢，甚至史上留名；有人不甘心，自毀前程，走上歧路，殺人放火自滅家門的都有。

同樣一句話，成就了多少人，又毀了多少人的人生。如果你轉念想，心就拳頭大這麼一點點，你幹嘛要抓著煩心事不放，拳頭還握得那麼緊，你不累不痛手不會痠嗎？放掉你的不甘心，你會發現還有其他路可走，就像這位上櫃公司千金，她之前可曾想過，和她翻臉打過官司的其中一位哥哥，現在卻是她的隊友嗎？

四、發育遲緩小妹遭父不倫——母娘揭開殘酷面紗，小太子痛罵其父

這個案例歷時很長，目前仍是進行式。一位陳太太帶著年約20餘歲的女兒前來，想問如何保有目前居住的房產。她老公是家中老三，下有一妹。她老實說，先生的智力偏低。公婆去世之前，都曾明確表示，新莊這房子要留給老三。其他哥哥都未爭取，小姑卻再三找麻煩，對自己非常不禮貌，一再表示房子也有自己的一份。

婆婆很年輕就失智，陳太太結婚沒多久就必須照顧婆婆，把屎把尿，顧吃顧穿，很是辛苦。早早看她不順眼的小姑一回娘家就找麻煩，嫌陳太太這裡沒顧好那裡沒用心，弄得陳太太不知如何是好，每天都在焦慮和辛苦中度過。小姑的口頭嫌棄逐漸演變成動手等級，三不五十朝嫂嫂潑水、推打。如果飯席上陳先生挾菜給老婆，小姑兩眼一瞪，陳先生就嚇到掉筷子。更過分的是，陳太太的爸媽來看女兒，小姑還動手打老人家。陳太太說，小姑確實很兇，不懂人情世故，但她其實也很孝順，偶而把媽媽接去暫住，只是沒幾天又突然送回新莊，搞的陳太太措手不及。

在這次問事之後，婆婆狀況危急，陳先生帶著老人家的衣服問母娘，還剩下多長時間，母娘回說，就在六月為限。那幾天，小姑每天都來家裡。有天，婆婆的脖頸一歪，嘴巴一張一合從喉嚨發出怪音。叫救護車來不及了，小姑一急，抓起她媽媽的手亂揮，猛力壓她胸口。經過一頓胡亂操作，奶奶的一口氣回了過來，續命了兩天之後，再度發出如死亡哀鳴的痛苦聲音，斷氣離世。

姑姑不知道設了什麼局，終於成功把自己的名字寫入房主一欄，但也承諾，等大侄年滿28歲，房子就歸還他們。一直沒開口的小妹此時開口說：「現在大哥都30好幾了，小姑都沒履行承諾。」這件事導致大哥和已經談論婚嫁的女友分手，「無緣的大嫂說，大哥都還和二哥同一房間，嫁過去連自己的房間都沒有，怎麼嫁？」這個房子成了他們家與姑姑之間難解的怨恨。

母娘問說：「妳的家人是不是都在打零工，家裡條件並不算好？」小妹回：「一個哥哥在菜市場打工、另一個貼磁磚，有人找才有工作，我爸爸在一家公司打雜。」她自己呢？原來她像父親一樣智力較遲緩，小時候生病被診斷須住院治療。那時父母擔心她被社會局安置，寧願全家人守在一起，也不願小女兒離開而拒絕把她送醫。

母娘說：「問題不在房子，也不在姑姑，應該是是妳們家的經濟問題，我說的對嗎？」小妹想了一想：「我沒錢念高中，但學歷不能只有國中，姑姑幫我找到門路，只要乖乖去上課，在教室裡坐著，什麼書都不唸，就可以拿到畢業證書。」

「說起來，姑姑有幫妳忙喔！」母娘說。

「也是，我們小孩子有事找姑姑，她能幫的都會幫。」

「妳知道妳姑姑堅持要共同持有妳家的房子，是有原因的？」

「是嗎？我媽媽說，她就是要霸占我們家財產。」

「妳哥哥們其實也不是很聰明，對嗎？」母娘惋惜嘆氣。

小妹點頭。

「那就對了，妳姑姑在保護你們房子不落入外人手。妳們家庭成員謀生能力不足，可能有一天，哪個哥哥缺錢了，偷偷把房子賣了，你們全家要在哪裏落腳呢？」

「所以姑姑硬是要把名字寫進屋主裡？」小妹恍然大悟。

「不過，人心還是難測。」母娘嘆氣，似乎有話尚未說明白。

接下來的訊息十分令人不忍卒聽，母娘沒繼續「人心難測」這事，反而針對小妹。

「妳遭遇的問題比較大，妳手腳不協調，無法找工作，之前是不是靠善心人介紹，去美容院學做頭髮？而且妳都不大敢回家？」

小妹的臉色頓時暗了下來，「我都20幾歲了，我爸還會親親我抱抱我，甚至一起洗澡。我跟我媽說，她只說『妳爸糊塗了』就不再管了。我跟我哥說，他們說，哪可能有這種事？」

母娘繼續說：「因為妳的哥哥們也『糊塗』了？」

小妹已經哭了：「我只要回家，他們就把浴室門拆下來……我爸還傳A片給我看！」

「還有呢？」母娘引導她，讓她慢慢說。

「我問姑姑，爸爸親我抱我算正常嗎？她說，當然！姑丈也會親妳抱妳啊。」

原來母娘說的「人心難測」指的是姑姑縱容姑丈做不當行為。母娘再次搖頭嘆息。這件事留下的陰影需要小妹自己轉換心念，並且不能任其繼續發生。小太子憤怒極了，當場發言要小妹多保護自己。

這時，小妹的父親竟然找上門，要女兒跟他回家。這下子嚴重囉！小太子生氣了，竟然五分駕上身，既是我也是小太子分身齊聲大吼：「你這個性侵犯！誰家爸爸會傳成人影片給女兒？哪個爸爸會對女兒做猥褻動作？」

陳先生一聽臉就漲紅了，在佛堂獨坐了好一會兒，好似在懺悔。留下一句「麻煩照顧好我女兒。」轉頭就走人。

母娘說，小妹上輩子是個修行人，但去了不好的道場，使今生神智身體受到影響，但若及時改正，還是能好好地過這一生。現在小妹的狀況在母娘薰陶下改善許多，母娘、小太子和我都放心不少。

天底下有很多不幸的人，更大的不幸，是這些天生不幸的人共生於同一家庭。這時要有人自動走出來，調整自己的心態和作為，以此做開端，全家困境才有轉機。有人產生自覺肯走出來，才能一一幫助家中其他成員。

五、老婦分完財產女兒消失——丟包遺棄父母，現世報就在眼前

這是幾年前我偶而擔任義工時發生的事。我家附近住著一位獨居老婆婆，里長長期關懷她，時常送米和油過去探望，社會局也介入處理。我獨自去過她家，我人還沒到，老婆婆家散發的惡臭就已瀰漫空中。附近人家看到我，七嘴八舌地說，老婆婆太不受控了，里長才招集人手清理掉她撿拾堆積的垃圾，不久，老婆婆又搬來一堆廢物堆積在家裡，原來，老婆婆有「囤積症」的心理問題。

她雖然精神還不錯，但因為心存怨恨，眼神很不友善，跟她對到眼的人都會打了個寒顫。她年紀實在太大了，九十歲的人獨居總是令人不放心。我跟她說，是否願意搬去養老院生活？她反應激烈，喊說：「我自己有女兒，會來照顧我！」

這時我才知道她其實有孩子。再向她老鄰居打聽，原來老婆婆多年前把一大片現在價值很高的土地分給女兒，自認女兒會因此而照顧老母親，怎知，女兒一拿到土地就直接人間蒸發。老婆婆不肯相信女兒如此現實，但事實擺明在那，受到刺激和打擊的老婆婆才會個性偏執，精神失常，不願意接受外人幫助。老婆婆還會去公所抗議，說自己被政府迫害，屢次大吵大鬧，成了當地的頭痛人物。

我請示過母娘意見後，又去探望她幾回，每次都有意無意地聊起養老院趣事。這次話題是哪位阿嬤參加養老院歌唱比賽得了第一名，從此成了「名花」一朵，幾位老爺爺都對她表達愛慕之意。她聽了竟然哈哈大笑，這還是我第一次聽到她的笑聲呢！

有次我去看她，她精神很差，坐在擠著一堆廢物中的藤椅上喘氣，我趕緊拉她上車開往醫院。醫生說老婆婆中暑了，有脫水現象，再加上長期缺乏營養，根本沒體力，治療後再掛兩瓶點滴就應該沒事。回程路上，恢復些微精神的老婆婆突然說：「妳說那養老院在哪裡，妳再帶我去看看好嗎？」現在，住進養老院的老婆婆立志也要參加歌唱比賽，競爭「名花」殊榮。

後來聽說，老婆婆的女兒並沒有人間蒸發，有人在某處看到她，變得十分蒼老，服裝破爛，精神很差，正如她母親之前的翻版。又有人說，會不會是她拿到土地之後幾年，也如法炮製把土地分給兒子，結果自己如同老婆婆一樣被子女拋棄？我聽了無語，暗自嘆氣。

這世界其實是反覆迴轉的，今天你做的，明天會是你受的。「行所當行，受所當受」，業力決定一切。往昔我們遇到人作惡，多說「來世會有報應」，其實，業力也會在今生發揮作用，「報應就在眼前」，這就叫「現世報」。

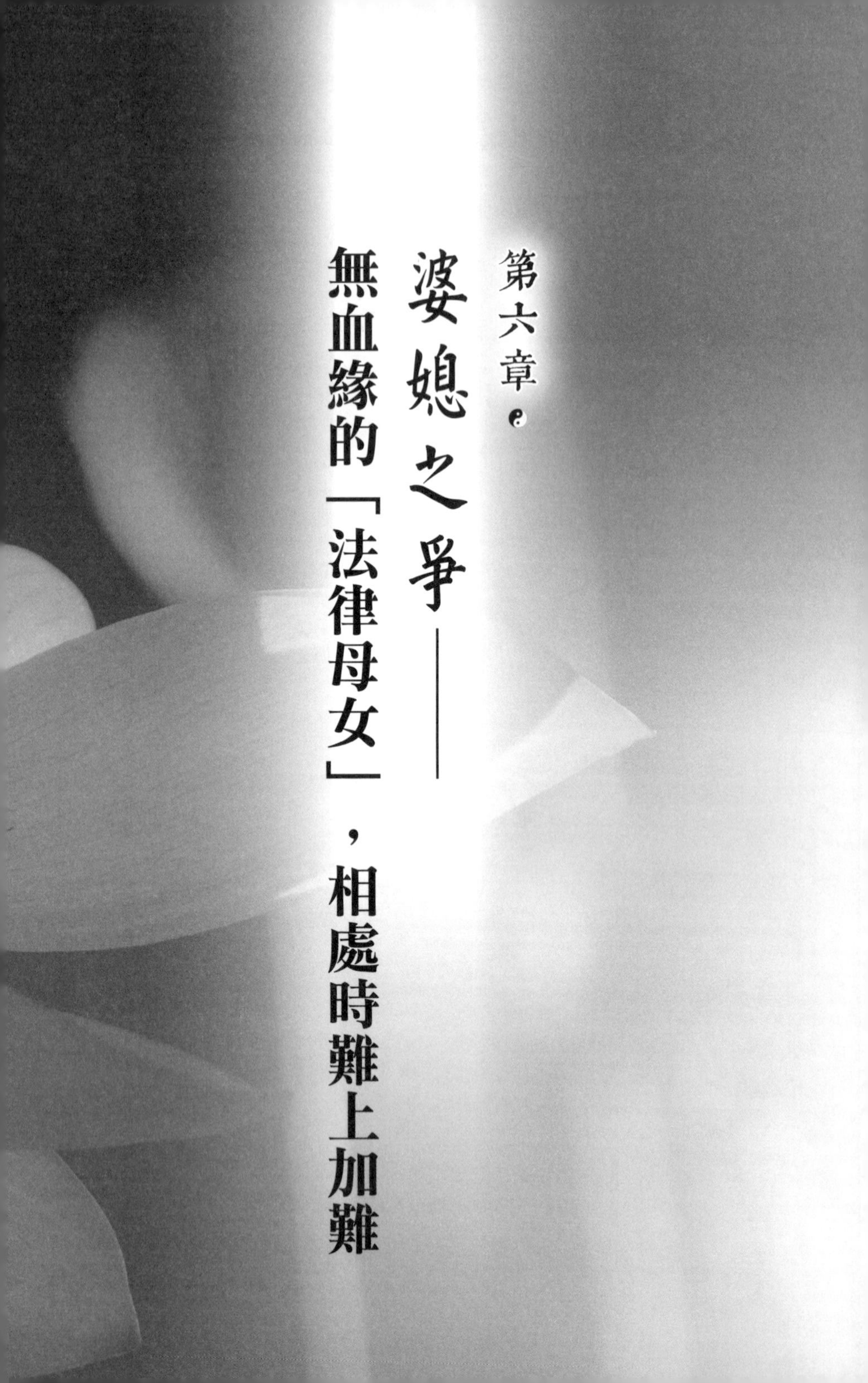

第六章 婆媳之爭——無血緣的「法律母女」，相處時難上加難

第六章

婆媳之爭——無血緣的「法律母女」，相處時難上加難

婆媳問題，自古難解。兩人的英語用詞是「Mother In Law」、「Daughter In Law」，沒有血緣，只有法律上的關係。雖然現在父母多半容許年輕人在外居住，但困在婆媳之間桎梏的人還是很多。過去是農業社會，一大家子同住耕種田地，共同處理糧食問題，農務工作量很大，婆婆必須嚴格管教下一代。尤其媳婦和自己沒血緣，又「搶」了自己兒子，婆婆都用「鷹眼」盯著媳婦，對其放大檢視，相處起來問題當然多。現在時代不一樣，誰都想保有各自的生活空間。母娘說：「近者怨之，遠者愛之。」有條件者還是選擇各自生活較好，是婆是媳都不必忍受另一方的

倫理勒索；若無條件，那麼就改變心境。「業果相續」，婆媳都不該互整，否則來世還得吃同樣的苦。

一、婆媳互怪罪——祖先嚇到不吃祭品，不理烏煙瘴氣一家人

這家的大家長有四個都已娶親生子的兒子，他管錢管得很嚴，開了幾間宮廟，但都沒有師父負責打理，所以宮廟收入不多。大家長還有其他事業，是個錢多但寡情的人。他明明富裕，但不願借錢給同住的大兒子買房。不顧家，自己在外逍遙快活。家裡，兒媳婦跟婆婆處不來20多年，嚴重到已經勢同水火。

偏偏婆媳兩人都愛抱怨，婆婆因為每天要去各個宮廟打掃，身心俱疲，把對老

公的恨意全發洩到媳婦身上。媳婦也很不爽，「常常叫我準備牲禮祭拜祖先，我還要上班，這根本是找碴。」因擔心家亂影響兒子學習，她堅決送兒子出國念書。

這天老大夫妻帶了在美國讀書兒子的衣服來，說兒子學習能力下降，幾堂科目岌岌可危，天天都過得很緊張、很挫折，導致腸胃發炎，夫妻倆很擔心。小太子越洋過去一看，說是沒有大問題，連喝三天熱水就會好。此刻正是疫情期間，夫妻擔心兒子染疫，太子又說：「他的住處有對外窗，拿個洋蔥放在窗口，吸收病毒轉黑再扔掉，會有保護作用。」一周後，夫妻倆來答謝，說兒子病好了，也開竅了，最近功課明顯進步，教授對他的表現很滿意。

「但是……」太太看向老公，又看向我，問我該怎麼處理婆媳問題。一問之下，我知道他家的祖先牌位放置於宮廟後方，這個宮廟離他們家很近，因此，婆媳大戰時常在此上演，兩人最常說的話都是「好的都沒我的份，我做牛做馬，到底是為了誰？」兩方開始碎碎念，從碎碎念演變成大呼小叫。

母娘聽了皺眉說：「你們一邊燒香，一邊吵架，彼此互罵，做的祭品再好吃，祖先都不敢來享用了。覺得你們為我們這些祖先準備祭品是做牛做馬，祂們也覺得很委屈，都不想理你們了。」

母娘指示，下次祭祖準備象徵圓滿的湯圓，向祖先賠罪道歉，說自己有口無心，請祖先們包容，婆媳間問題會逐漸轉好。母娘也交代，至少要數次帶湯圓請求祖先原諒自己很失禮、不孝，以表誠意。宮廟的事，母娘也很在意，祂說，沒人打理、無人侍奉的宮廟成何體統？長久下來，廟裡住的到底是什麼神什麼靈，都無人知曉，這點必須改進。婆媳倆照母娘交代行事，目前相處狀況是還沒有到相約唱 KTV 的地步，但至少兩人會聊天說笑，進步許多。

母娘藉由這件婆媳之爭告訴我「近者必怨之」。我們成年後各自成家，和原生家庭同住，各人有各人的脾氣，脾氣一來就成了怨氣，怨氣不化解，家庭就烏煙瘴氣。保持和睦相處有兩種方法，真心交好，不然就自己搬出去住。你說哪個方法好？我說都好。若不想今生怨氣來世未散，我們就期許自己做個更好的人，即使獨立成家也要互相關心，而不只是「法律上的母女」。

二、婆家是冤家——不是相欠債，是自己欠自己債

「我是婚姻失敗者，永遠做夾心餅乾，婆婆還說我剋夫。」莊小姐說。

我默默聽著，同時，和小太子連線。

「我婆婆會霸凌我，我弟弟夫妻倆看我不爽，媽媽什麼大小事都找我，老公罵我是笨蛋、白癡，嗚嗚嗚，我根本是被三面夾擊。」

莊小姐的母親在餐廳打工，很被婆婆看不起，時常譏諷媳婦出身不好。莊小姐的親娘和弟弟一家同住，什麼腳拐到、身體不舒服、要去哪裏拜拜，都找女兒幫忙。弟弟和弟媳婦懷疑她這麼殷勤回娘家，肯定是想瓜分娘家房子，因此對這個姊姊不理不睬。

她離過一次婚，再嫁的老公生了一場大病，住院許久，瞻妄情況嚴重，甚至有精神錯亂現象。老公出院回家療養後，莊小姐拜託媽媽到婆家幫忙照料，聽到的卻是這些話。

老公：「欸，妳媽怎麼住我們家這麼久，是想白吃白喝白住嗎？」

婆婆：「都是妳害我兒子生病，要不是妳前夫跑得快，現在已經被妳剋死了。我兒子若再發生什麼事，兇手就是妳！」

莊小姐下跪痛哭向婆婆說：「只要他趕快好起來，妳怎麼打我罵我都沒關係。」

即使這樣，還是無法融化婆婆的心。母娘說：「這件事沒辦法，是莊小姐自己的業障，要靠自己的情商克服。畢竟是晚輩，她這一生都必須要有覺悟，覺悟什麼？靠她自己想。」莊小姐聽後不言不語，點頭稱是之後離開佛堂。

幾個月後我收到她的訊息，她說她升官加薪了，帶領一組負責開發文創商品的團隊，她對這個需要創意的工作非常感興趣，主管也看好她。已復原的老公重新投入工作，對自己曾向丈母娘出言不遜，感到很抱歉，婆婆也不再對她大呼小叫。莊小姐對媽媽提出的要求，會酌情處理，不再被媽媽的緊張情緒支配。既然少回娘家了，「遠者敬之」，弟弟和弟媳不再對她冷冰冰。

母娘是配了什麼特效藥嗎？莊小姐解釋：「母娘要我有覺悟，我就想，與其天天鬱悶，不如在工作上發揮專長，對婆婆和老公用『順』的態度去面對。我不是無敵鐵金剛，但我可以跟媽媽多溝通，沒想到一思考，連鎖反應下來，很多問題都改善了。」

母娘所說「心念的改變」多麼重要！我們一生的幸與不幸，都靠心念當掌舵者。「人最怕自己欠自己的債。」小太子說：「吃顆糖，沒煩惱。」有些狀況不似我們想的那麼嚴重，把心念當作糖，甜甜耕耘你心田，諸事皆圓。

三、高齡婆婆折磨媳婦——

年屆70仍是委屈小媳婦

人說「十年看婆，十年看媳」，意思是媳婦嫁進門的頭十年，都要看婆婆臉色；十年後，婆婆日漸衰老，事事要媳婦幫忙，這時反倒是婆婆看媳婦臉色了。那麼，要是婆婆老當益壯，身體健康，聲音宏亮，耳尖目明，媳婦該怎麼辦呢。

賀媽媽已經快要70歲了，婆婆年近百歲，50歲就守寡，感情都移轉到兒子身上。

兒子心疼母親的不易，甚是孝順，任何事都絲毫不敢違背母親的意思。於是，倒楣的就是他嫁進門50年的老婆了。

「我們是四代同堂大家庭，全家三餐都由我負責，但我婆婆從來沒吃過我做的菜。我做好一桌菜，她自己就煮自己要吃的，好像採用靜默法向我示威，表示她不需要我照顧，她自己來就行。」此外，婆婆從來沒正眼看她，不跟她說話，有事都透過兒子交代，「我每天都看她老人家臉色，啊！痛苦啊！我都幾歲了，我也老了啊！」賀媽媽激昂氣憤地向天呼喊，她能忍這麼多年，任誰聽了都佩服。

賀媽媽越說越是恨意滿滿，「師父妳知道嗎？我剛嫁進她家，她規定我們房間不能鎖門喔，她不敲門就進來跟我老公唸東唸西，當我是空氣。」說真的，長達50年的冷漠對待，不是誰都能忍受的。

但孩子還是接連出生了，原來，婆婆有給「假期」，「只有周六我們可以『做功課』，我婆婆說過，她兒子要工作養家，要保重身體，平時我不能『動』他喔。」這樣說來，就不夠人性了，又不是青少年，還要這樣約束兒子。

「現在這事當然不是問題了，我們也老了。但不吃我做的菜就很令人生氣，簡直莫名其妙。她又是長輩，我不能詛咒她。她比我還健康耶，我不知道這種生活要到什麼時候才是盡頭。」她老公再孝順也受不了多年來的婆媳不和，站哪一邊都不是，於是三天兩頭不在家，藉口有事出差或跟朋友出行，一出門就是三、四天。婆婆給的煎熬，老媳婦只能自己承受，等於一輩子就葬在這種無法喘息的氛圍裡。

母娘說：「看妳也是盡心盡力了，不能怪妳意難平。」賀媽媽問：「我可以離婚嗎？我還有好幾年時間可以過，這種日子我不想過下去了。」小太子跳出來說：「絕對不可以，妳先忍，有些事說來就來，我不能講太明白。」

賀媽媽一聽不知該笑還是哭，笑了等於開心老人家走了不再折磨她；要哭嘛，也是頗違背自己心意，因為怨恨實在太深了。小太子說：「妳就先忍，照我說的做，時間到自然心開意解。」

原來小太子說的不是壽命問題，老人家還是健健康康，改變的是原本應該居中協調的丈夫，阿姨的老公突然良心發現，不再逃避。他花了重金，把大房子重新整理，做好隔間。既然老人家要證明自己很健康足以獨自應付日常大小事，那就老人家獨享一層樓的空間，再裝設一套小廚房給她。隔開婆媳之間的生活空間，媳婦過自己的生活，少看婆婆臉色，人到老年終於過得開心一點了。

四、孫女改姓母姓——

媳婦不把婆婆放眼裡，她用心照料孫女翻改局面

世界上有沒有天理，要看事情，要看業力，要看你付出了什麼。有天理，我們感恩；沒天理，自我反省並努力自我改變。一半的天理昭彰，就在自己身上應驗。

媳婦來自家裡經營南北貨買賣的有錢人家，家裡黃金萬兩，沒有黃金也現金多到可以做地下錢莊。所以，這位媳婦很囂張、很強勢，在婆家可以說是橫著走，眼睛長在頭頂上，用鼻孔看人。

不用早安午安晚安，反正她從來不跟婆婆打招呼，擦身而過時就像一縷輕煙飄過，多年來把婆婆氣到不行。「更令我生氣的是，我兒子跟她結婚之後，我才知道，她生的第二個孩子必須跟她姓。」兒子就像是入贅一樣，乖乖接受媳婦指示的所有工作。孩子要換尿布了、泡奶粉、帶孩子出去玩，都由老公一人當保母。如果老婆想吃什麼東西，不是叫外賣，就是老公衝出門去買，或是老公動手煮。婆婆咬牙說：「子芸師父，妳有聽說過這種媳婦嗎，我真是受夠了！」

後來生的老二是個女孩，如約姓了母姓。小女孩身體不好，時常跑醫院。婆婆原本不想管「她家」的事，可是，畢竟孫女身上有自己的血脈，媳婦不在時，婆婆還是細心照顧孫女，「沒法度，越看越可愛。」有次婆婆急匆匆趕來林口三寶佛堂，說孫女生病，請求母娘幫孫女過這一關。得到母娘慈悲的懿旨之後又匆忙趕路回家，抱起孫女就往醫院衝。

婆婆對外姓孫女的疼愛和照顧，媳婦其實都看在眼裡，但沒有表示過什麼。那年過年，媳婦主動跟婆婆說，她從家裡帶回很不錯的鮑魚和其他乾貨，親自做一桌家傳的私房菜，要跟婆婆一起吃年夜飯，從此，雙方有了互動，婆婆說：「有啦！我現在看她順眼多了。」

母娘說：「一分原諒得一分愛，一分善待得一分感恩，在任何人身上都該如此，在婆媳之間，更是必然。」孩子仙的小太子看到這位婆婆一心掛念不同姓氏的孫女，更有感觸。我一直認為，我們做任何事，都有回報和反饋。只要是真心對待，就算

和你相看兩厭的人也會有觸動，兩人之間的藩籬就此被感動的心融化了。

第七章 恐怖情人——愛也深恨也深，何不放手彼此祝福

第七章

恐怖情人——

愛也深恨也深，何不放手彼此祝福

在這佛道正法毀壞的時代，妖魔邪力更容易趁虛而入到原本就心懷不軌的人身上。就在「貪、嗔、癡」一動念之間，原本該是甜蜜相處的情人在感受不平之際，怒而做出恐怖行為。當時追求的多殷勤、愛的多濃，感情生變之後，就有多恐懼。曾經的愛情文藝片放映到一半，氣氛大反轉成了恐怖片，這怎會是真愛？母娘和小太子對這人心亂象深有感觸，也有祭改方式可以處理改善。但是，還是請慎選男女朋友，那些來祭改的往往都已受害到精神幾乎錯亂的地步，甚至家人也飽受痛苦。在給予愛的承諾之前，請謹慎觀察對方，是保護好自己的第一步。

一、女同志網路上遭騙——
我本愛女生，卻遭男性侵犯

發生事情的時候，這位小女生是高二學生，未成年，涉世未深。長得可愛的她也喜歡可愛的她。網路上她認識了一個大她兩歲的女生，女高中生就叫她姐姐。兩人很聊得來，只是，一直限於打字，已經不能滿足女高中生。她懇切跟對方說想視訊聊天。姐姐回她，希望等之後見面，再見到真實的彼此。女生很急，還是一再要求，但總被對方拒絕。

聊了好幾個月，從沒見過面的兩人感覺非常熟悉了，就像男女朋友一樣，了解各自的個性、好惡。於是，兩人終於相約見面了，女生欣喜若狂，出門前好好打扮一番，來的卻是是一位男子。

他很客氣和禮貌地表達歉意，說姐姐臨時有事沒辦法來，只好請他這位老朋友出面跟女生道歉。女生都快哭了：「好失望啊！真希望她就在我面前。」男子建議：「不然我們去喝點東西，一起聊她的事，這樣妳也會開心點，不算白跑一趟。」這男子把姐姐的一些小事講得極為有趣。兩人聊完天，女生再三拜託，希望下次姐姐可以親自來。

怎知，下次來的還是那個男人，他說：「妳姐姐生病了，她不希望被妳看到她虛弱的樣子。」女生聽了很為姐姐擔心，男人說：「沒事啦！她只是想狀態很好時再跟妳見面。」於是，這兩人又一起去店裡喝飲料。

第三次，女生清醒時發現自己在旅館，而且服裝不整。她完全不記得怎麼了，懷疑自己被那個，又不願相信姐姐的朋友會對她做出那種事。她急忙跟姐姐連絡，但沒連絡上，此後姐姐對與她的聊天興致轉為興味索然，不再像以前這麼投入。女生很傷心，只要對方一上線，就不斷表示自己有多麼喜歡她，並且再度要求見面。這次姐姐乾脆明說：「我們就不要再聯絡了。」

遭受打擊後，女生上課無精打采，不理會同學，行屍走肉一般地來學校，人在魂不在。她的同學看不下去了，直言：「妳被騙了！根本沒有姐姐這個人，而是哥哥，那個跟妳見面的人是騙子。」女生吃虧被騙仍不願意承認，情緒處在崩潰邊緣。同學問：「那個男的是不是對妳做了什麼事？」女生立刻啜泣，終於承認：「人家明明喜歡女生，第一次卻被男人奪走了。」

氣壞了的同學把女生抓來林口三寶佛堂請教母娘，母娘還沒開口，小太子就說：「去報警，不用問，就去報警。」兩個小女生又連忙趕去警察局，警察拿出一堆照片要她指認，照片之中竟有那個男子。

警察說：「又一個女生被騙了，妳們不要這麼天真好不好，這個男的好幾年在網路上利用漂亮女生的照片來騙人，都用一人分飾兩角來作案。他是性侵慣犯，如果女生在過程中反抗，他會打人，還好他沒使用武器，不然被害者就更慘了。」

同學說，女生在警局身子一軟差點昏過去。同學無奈地說：「我覺得，如果她昏倒，不是因為被男人那個，而是太傷心了，她愛她愛了這麼久，竟然查無此人。」離開警察局之後，女生嗚嗚嗚地哭著：「姐姐，妳在哪裏？嗚嗚……」同學氣說：「子芸老師妳知道嗎？我當場差點要給她巴下去。妳可以換一顆新腦袋給她嗎？我受不了她的戀愛腦了。」

女生後來收到警察通知，該噁男已被抓獲，經幾位受害女生出面指認無疑，現在移交檢察官，等待法院處理中。至此，女生才全然相信自己被騙了心，也騙了身。而她最愛的姐姐，始終只有照片，不知其人是誰。

年輕人啊，尤其是年輕女生，要學會保護自己。這世界上抱有惡之心的人很多，但妳不要怕，避開就是，千萬不要自投羅網。你看這個所謂的姐姐，只是要求視訊聯絡，她都死也不肯，這麼可疑，竟然還相信她「人是真，情也是真」。記住，要「多查證，少信任」，安全第一。

二、以自殺威脅的男友——女生不分日夜 on call 搶救，精神恍惚差點送命

這位計程車司機只因載過女作業員一程，就開始猛烈追求她。女作業員談過幾次戀愛，最喜歡享受男性追求女性時的殷勤，於是時時考驗司機。

「人家好想喝珍珠奶茶，不知道有人會買給我喝嗎？」

「半夜突然肚子餓，想吃炸雞排。」

司機一看到訊息，不管自己人在哪裏，是否在當班，立刻掉頭去買心目中女神想吃喝的食物，盡快送到她面前。司機每天接觸這麼多人，說話逗趣，人很幽默，做人做事勤懇，完全對到女作業員胃口，不久，兩人墜入情網。

熱戀時間一過，兩人生活與工作都應回歸正途了，只求兩人依舊相愛就好。但司機深怕女友離開，只要女友電話沒接，訊息已讀不回，司機就說要去自殺。如果

女友沒時間理會，司機會變本加厲說：「我現在在哪裏買木炭，妳明天新聞會看到我。」「我車上有童軍繩，這附近有樹林，不好找，所以妳要晚幾天才會看到我的新聞喔。」

女作業員嚇得要命，深怕對方真的想不開。於是，不分早晚去相會，行使救人職責。

幾天下來，上班時心不在焉，頻頻出錯。半夜不睡，每天像失了魂，眼神渙散，日日在恍惚中渡過。她父母深覺不對勁，照這樣下去，司機若還沒死成，自己女兒就已魂歸西天了。在跟女兒溝通無果之下，決定去報警。總算，在警方出面關懷之後，司機消停了一陣子。

但不多久，兩人又重新連絡上，女作業員像魂魄被人牽走，對他依然情深意重。司機故技重施，有事沒事就拿自殺做威脅，女作業員就像神力女超人一樣，手機一響就飛奔去拯救愛人。

她父母氣壞了，把女兒抓來林口三寶佛堂，急得人未到聲先到，「子芸師父，請快幫忙！」小太子說她被不好的東西勾魂了，難怪「把芭樂當蘋果」愛到要命。母娘說，此女目前遭遇「五鬼官符」，一被纏上要費上五年時間，人才會恢復正常。交代我必須幫她連作三次祭改儀式，破官符，補元辰。幾次儀式順利完成後，女作業員清醒了，再也不管那一天到晚尋死尋活的司機到底想死還是想活，重新振作起來，過好自己的小日子。

現代人有個毛病是「嚴重缺乏安全感」，總希望自己受注意，一旦對方目光不在自己身上，就感到被冷落，做出古裡古怪的事。這位司機把愛當成枷鎖，把愛化成恨，把愛變身為恐懼，套牢在愛人身上，這不是愛情，而是勒索。

三、夜生活女子渴望真愛——
給小白臉愛與金錢的供養，卻惹跟蹤狂上身

她們是三個女生一起來的，個個打扮美艷，菸酒味和脂粉味、香水味摻和一起，夾雜成一種說不出的味道。她們直言，為了多賺錢，滿足對精品的渴求，她們選擇在夜場工作。

寧願活在夜場的人有幾種，家中真的有困難，想多賺一點錢，賺夠之後離開再也不回頭。或是純粹受金錢的誘惑，各種原因都有。她們共同的辛酸是，工作時盡量討好金主，半夜店關人散，霓虹燈不亮了，回到現實世界了。獨自住在租來的小窩，好不寂寞。她們渴望遇到愛，如果出現一個「真心」的伴侶，她們喝再多酒，陪客人多少笑臉，都甘之如飴。

三個女孩子中的小香就遇到了她自以為的「真愛」，一個長的不錯的待業男孩。

真愛對她多所呵護，每日負責上下班接送。真愛不需要工作，因為小香負責賺錢養他，任何花費都小香買單，連那輛溫馨接送情的車也是她出資購買。直到小香發現自己再怎麼賺，都不夠兩人花，要求真愛去找工作，對他好說歹說：「你再不去找工作，我們就分手。」男孩子不願意了，嗆說：「再提分手，小心我對你不利，我會去妳家跟妳爸媽說妳在酒店上班。」

小香家裡也是好人家，被父母得知她的工作是她的死穴，於是跟男孩子大吵，對方動手打她。

那晚，小香自己去上班，用了好多遮瑕膏，才遮住臉上瘀青。對方揍她幾次之後，小香趁著他找朋友喝酒，偷偷搬了家。但沒用，因為他知道她上班的酒店在哪裏。

此後，男孩子「真愛」的人設一再進化，從家裡蹲到恐嚇者到家暴者，最終進化到跟蹤狂。小香下班後要靠幾位同事護送或從後門離開，才能躲掉跟蹤狂。但被他逮到好幾次，每次對方都說要給她死，把她嚇得花容失色。她愁苦地說：「子芸老師，我要怎麼辦啦？我在這家酒店『深耕』很久了，我不想跳槽到別家，建立死忠顧客很辛苦耶。」

母娘立即「開訓」：「愛得要命的是妳；怕得要命的也是妳！」

小香慘然一笑：「不愛了、不愛了，請母娘和小太子幫幫我。」她對母娘「告解」：「是我自己笨，愛上這種人，把他當真愛是我當時的選擇，都怪我自己。」

小太子說：「好手好腳不工作，靠人家養，這一點就是警訊，怎知妳耳不聰目不明，偏偏掉入愛的反作用漩渦裡。」

為了調整小香不好的因緣，一解她的冤親債主，母娘指示，必須幫小香做祭改。三個月後，跟蹤狂自己失蹤了，也許是找到他的「下家」，所以放過小香，再也沒有現身，就此人間蒸發了。

母娘說，一個人是否適合自己，要從多面向來看，比如這位「真愛跟蹤狂」，「不工作，不上進，這種人怎麼靠得住？小香雖在夜場上班，好歹酒是自己喝，時間是自己給，比他強太多了。」每個人或多或少有自己的冤親債主，除了靠神明解除警報，在此之前，就要拿各種標準去檢視對方，以免冤債越結越深。

四、劈腿女友闖密——甩不掉的地下情人，放話分手就要自殺

又來了！愛不到又要自殺的整人事件又來了。阿嬤帶30歲出頭的孫子來，說孫子阿祥最近惹了大麻煩，直嘆：「他一人犯事，全家雞犬不寧。」

看到阿祥，小太子搶在母娘之前說話了：「你當爸爸了吼，恭喜啊，欸！孩子不是有兩個嗎？」阿祥臉青一陣紅一陣，說不出話來，就由阿嬤對母娘和小太子稟

報兩個曾孫的事。

阿祥有個交往多年的女朋友小惠，從青梅竹馬，到長大成人，兩人都沒分開過。一年多前，小惠幫家裡添了一個曾孫，全家都愛得不得了，更加認可小惠是未來阿祥的媳婦。但阿祥缺乏定力，不知怎麼地，就跟小惠的閨密私底下來往，又不做安全措施，這下地下女友也懷孕了，跑到阿祥家說，要把孩子生下來。

阿祥的長輩很生氣，一氣阿祥背叛「資深女友」，二氣他在外面玩，結果卻要家人出面擋。

阿嬤要求地下女友拿掉孩子，但她反應很激烈，「為什麼小惠可以生，我就不行？」。阿嬤嘆氣連連：「我這孫子長的其實也不怎麼樣，怎麼會女人緣這麼好，而且身體這麼勇，跟人家偷偷交往沒多久就害人家有了……」阿嬤說到這裡，有志工忍不住笑了出來。

小太子問：「她是不是放話說不能分手，如果分手她要自殺？」

阿嬤說：「對，她每天電話一直打，我們不接她還是打，一直逼他要結婚、要把孩子生下來，還跑來我家大罵，說我們全家人都沒良心。問題是，我們只認小惠是媳婦，她再來吵也改變不了我們的心意。」

小太子對阿祥說：「通常我不想管這種事，但你也真的離譜，連我這小孩子都知道，跟人交往不能三心二意。」

阿祥終於自己開口：「子芸老師，我可以請母娘和小太子幫忙嗎？她一直來亂，我很怕她去打擾小惠。現在我都不敢出門，還好我遠距上班，不然我工作都丟了。」

母娘問：「你確定不會再變心，一定會跟新對象分手？」

阿祥用力點頭。

由於該劈腿對象十分執著，「我執」到無法思變的地步，若不是上一世含冤離開，就是跟這男孩子有各種糾葛。我們以阿嬤帶來這女生的衣服做了三次祭改之後，那位女生幡然悔悟，到他家說，自己已經想清楚了，「我不會再來吵你們了，我還有自己的夢想要去完成。之前是我腦袋斷了線，孩子我自己照顧，我不會再來打擾。」小惠在得知男友劈腿閨密之後，也原諒了他。不過，為了防止男友再亂來，他們已經加速結婚的打算。

「我執」是個好東西，也是個壞東西，用在善處就是好，用在壞處就是不好，好壞、善惡有時是相對的。那男孩和小惠都已打算要結婚了，阿祥和女友閨密就不該行茍且之事。至於小惠願意原諒男友，仍然同意結婚，這應該是上輩子結下善緣，因此到今生仍然「我執」，要一起組建家庭。要說資深女友的選擇是對還是錯，他們自己開心歡喜最重要，外人不需評判，不是嗎？

關於恐怖情人的案例還有很多，故事的發生過程，人心的變化和可怕行為的操作都大同小異。最令人難以接受的是，被日夜跟蹤、威脅的恐懼感深深烙印在心裏，所以各國對於跟蹤都有相關禁制令的法令。我們無法使時間倒轉到相愛的時刻，無法喚回對方愛自己的初心。即使是母娘為你祭改、施咒、舞黑令旗這些方法有用，但此刻你的內心已被恐懼感撕裂，要花多少時間才能康復？感情如流水，總有變幻時。若仍愛，不如珍惜眼前人，雙雙度好日；若愛已逝去，就好聚好散。一時恨意做錯事，毀人毀己一生，很不值得。

第八章

墮胎——小孩歡喜來投胎，恨尚未出世又被踢回地府

第

第八章

墮胎——孩子歡喜來投胎，恨尚未出世又被踢回地府

渴望擁有子女的人無法達成願望；不想要孩子的人偏偏「中獎」。懷孕本是喜事，迎接下一代來承接代代累積的文明智慧並茁壯，使之綿延下去，正是「生命之意義，在於創造宇宙繼起之生命」，放棄獎項的人只好另作殘酷的選擇。

扼殺了一個即將來到世上的小生命，對自己和孩子都很可悲，是相互沉淪的業報，「今生未還，來世仍得還」。我接觸過的案例，母娘都以慈悲心看待，只盼世人重視生命，若不想造業，請在激情勃發前，做好防範措施。若有能力照顧孩子，請務必把孩子護生到世間，母子互相保護，否則業報會發生在自己身上。

一、夾了10個娃娃——病痛纏身，男友失蹤，黑靈相隨，萬緣俱薄

來的是一位個子不高，頭髮留到腰部，身材已快走樣的中年婦女，她的花名叫蜜雪兒，和本人很不搭。我看見她腳邊跟著幾團黑灰灰的靈體。她說：「我夾過10個娃娃。」我還沒聽懂，反應過來，才明白她指的是墮胎，那些黑灰灰的靈體是她取掉的胎兒。

第一段婚姻，蜜雪兒有個女兒，但兩人許久未見，和年邁的父母也極少聯絡。唯一可以安撫她寂寞的是一任又一任的男友，最近這任是個小他十多歲的男人，已從她生命中消失了幾個月。她嘆氣說：「為了這些男朋友，我一直在酒店工作，不要看我這樣，也有喜歡我這類型的。」雖然這麼說，酒店生意競爭很大，逐漸地，她收入減少，小男友發現她給的零用錢縮水，這份「愛的供養」無法再滿足他，乾

脆一走了之。

從第一段婚姻結束，蜜雪兒為每個交過的男友都墮過胎，她自己掐指一算，竟然高達10個小朋友。「我這幾年過得很不順，身體感覺很不好，想起女兒，又不敢跟她連絡，現在男友也跑了，子芸老師，我出了什麼問題？」我問：「妳是不是常常夢到小嬰兒？」她點頭：「有時夢到清楚的小孩子，有時很模糊，會發出小嬰兒牙牙學語的聲音，我想是他們來找我了。」

「那是靈界發出的訊息，以氣和聲來展現。」接下來的話我都不好意思說了：「老實說，我是第一次聽到有人墮胎過10次。」她苦笑：「我想我破了世界紀錄吧！」那些黏著她不走的黑灰灰越聚越多，我很難得地因為這不可思議的畫面起了雞皮疙瘩，頭皮發麻。如果是逝去不放心主人仍跟隨在側的寵物也是以黑灰灰的靈氣展現。但眼前這些黑影若出生，都已經是和同學一起開心玩耍的小朋友。

「妳覺得養男朋友比養小孩重要嗎？」

「唉！我對那些小孩也很抱歉，可是，我好寂寞，不能沒男友，我還為了滿足他們，去整形，去隆乳。又要花錢養他們，沒想到，到頭來還是一場空。」

我看到一團黑影爬到她頭上和臉上，原本很糟的氣色更差了。還有一個黑灰灰貼在她小腹上，我先以黑令旗揮展手勢，請小孩子暫時退下。提示蜜雪兒：「這些小孩走的很不甘願，他們等了很久，本來以為可以來到世間，被父母疼愛，沒想到還沒成形就被送回老地方，也難怪妳身體會不好。我建議妳去檢查，妳的腹部可能長了一個不好的東西。」

我請太子查看她的前世，太子回說，她在前一世根本不信神，曾在菩薩面前嘲弄佛像，譏笑祂們只是木頭，大人是在拜什麼拜？這一生業力來了，她的福報很淺，與任何人的緣分都薄，女兒不認她。她這一世總是被遺棄。她說，直到最近諸事不順，人又老去，她想知道，她該做什麼可以改善這一切。

這也難怪，為何我靠近她就起雞皮疙瘩，為何她的男友跑光，因為她的負能量太強大，連和她對話都十分費力。我辦事以來，和有些信眾對話幾小時也不覺得疲乏，但和蜜雪兒交談，我全身緊繃，說的是別人的事，對自己卻很內耗。

嬰靈一心期盼來到世界上，卻被活生生斬掉，所以嬰靈的負面力量很強大，更何況是累積辜負了10個小孩的期待。蜜雪兒的情況並不好處理，因墮胎而超渡嬰靈本來就是請神明上天入地，極困難的任務，10個到底多艱難可想而知。我老實告訴她：「妳必須到3家大廟去祭改，每個月都去，才能超渡他們。」

「我都有去，不過，只是去一家，他們為什麼還不離開？」

「妳身上已背負的生命債這麼多，還一邊去墮胎，到底能超渡誰？」

我要說明一點，超渡嬰靈絕對不是僅靠一位法師就可以完成的。首先，要去3座大廟，請幾位法師連續祭改至少三個月，誠心誠意向孩子們道歉，表達自己的苦衷，才能成功送祂們到達彼岸，重新來到下一世。」

我建議她去重慶北路三段的覺修宮，請她趕緊去超渡那些可憐的小孩，並快點去醫院檢查。她依約照做，幾個月她再來時，跟著來的暗影數量減少了，她說她檢查出子宮長瘤，做了手術把子宮和卵巢摘除了。她笑說：「我的賀爾蒙減少了，感覺不需要男朋友了，那個跑掉的我也沒繼續找他了。」

母娘要我告訴她，每個月仍要去超渡嬰靈，孩子都甘願離開之後，自然會改變今生親緣。我好奇問她：「如何鼓起勇氣告訴我妳的墮胎次數？」她一笑：「我自己都覺得好荒唐，好誇張。除了想跟他們說抱歉之外，也想藉由子芸師父告訴女性們，墮胎很不好，送走他們小命，又傷身。」

我嘆氣心想，這些孩子一直不讓她平靜，可能也是想提醒這位無緣的媽媽，妳身體壞掉囉！拿掉子宮和卵巢，無法再受孕，也就再無其他孩子被拿掉的風險，等於幫孩子們和她自己減少業報。世間的緣分輪轉實在難說，其中奧妙可能只有神明才知道了。

二、祖先力保曾孫一條命——婆婆要兒子女友墮胎，已逝外祖父說且慢

來的人是一位50多歲的陸媽媽，為兒子小偉堅持要娶現在的女友煩惱中。她遞給我八字，問：「他們是不是正緣？兩人合不合？現在離婚率這麼高，會不會結婚之後又離婚？」陸媽媽連續發出幾個問號。還未等母娘或小太子開口，我接收到了一位老者的訊息，我轉述給陸媽媽：「老人家說不用問八字了，正緣就是這位，她肚子裡已經有寶寶了。」

陸媽媽一聽下跪大哭：「是阿爸來了嗎？他老人家幾個月前才走的。」我要她執杯，看來者是否真是她父親？她連執了三個聖杯，陸媽媽確定是老人家來盯場，她又哭又笑，說她父親老是不放心她。

「他過世前有表達過什麼心願嗎？」我看著佛堂門前的老人家身影徘徊不去，應該有心事。

「有，他說，很遺憾沒看到曾孫，很擔心自己家血脈會斷掉。」

「妳父親說，這個媳婦不能給她跑了。」我又轉述。

「可是，我不是那麼喜歡她。」她一臉為難。

「妳父親說一定要娶她，是妳父親厚道，因為她已經懷孕了，她能為妳家添丁。」

「可是，他這女友我真的不想要。反正小偉還年輕，她如果要生下來，我家會負責，不然就拿掉，總之，小偉不能和她結婚。」

「妳父親不是擔心後繼無人，要小偉傳宗接代？現在正是時候。」

「小偉很有心，知道外公的煩惱，小時候才堅持改從母姓。可是，現在又不知道那女孩肚子裡的是男還是女？」

「她懷的是兒子。」母娘終於介入，命小太子去查訪。

「真的嗎？怎麼辦？可是……」陸媽媽一喜一憂。

「妳愛妳兒子，就該愛他的另一半。」母娘說。

「戀愛是小偉在談的，小偉喜歡她比較要緊，上一代就不要管這麼多，人各有造化，妳的煩惱是庸人自擾。」我附和。

「我想想喔，以前他那幾個女友，我也都不喜歡，等我看到中意的，小偉都老囉。」她腦海中應該把小偉每個前任、現任女友都像跑馬燈一樣跑過一輪。

這輪談話真是累人，那女孩子真的這麼令陸媽媽看不上眼嗎？我要她回去後仔細想一想，到底問題是出在自己身上，還是小偉女友身上。

陸媽媽回去後，努力反省自己到底不滿意未來媳婦哪一點。說話比較衝？這點跟小偉一樣。交代她什麼事，她老是忘記？有時候比較冷漠？這幾點小偉不也是。她想了半天，自己的不滿意，不都是現在多數年輕人的通病？等他們再年長一點就會改變。

陸媽媽翻開記憶，有一次她過生日，小偉女友請她吃飯。過母親節送自己康乃馨。陸媽媽想清楚、放寬心之後，終於同意小偉和她結婚，幾個月後果然生了個胖兒子。他們一家三代四口人來拜謝母娘和小太子。陸媽媽說：「還好我來找過子芸師父，現在不再煩孩子的事，跟媳婦也處得來，還有可愛孫子可以抱，感覺很幸福。」

這件原本會發生的墮胎事件，在母娘、太子、過世長輩勸說下，這世上多了這位可愛的寶寶降臨，少了一個不知何去何從的嬰靈在陰間徬徨踟躕。雙重好事。

三、嬰靈如甩不掉的安娜貝爾——爸爸媽媽，我想跟你們一起吃飯飯

這對情侶很年輕，交往同居很多年，雙方家人都彼此當親家看待，他們說，沒去登記、沒宴客，是因為兩人都滿意目前的情況，簡單、自在，不受什麼禮俗約束。

太自由自有後果，他們幾年前瞞著家長拿掉一個孩子，是個男寶寶，兩人每到重要日子，會到廟裡為來不及降生的兒子祈福。他們會為孩子心痛，孩子也有祂的執念。「常常睡覺時，孩子會入夢，說要跟爸爸媽媽一起吃飯飯，『你們有飯可以吃，為什麼我沒有？』。」奇特的是，媽媽說：「這畫面輪流出現在我們兩人的夢中，像不放過我們一樣，從孩子被拿掉之後，相同的夢境持續到現在。」

後來再懷孕時，兩人工作穩定，薪水足以養活下一代，就把孩子生了下來，也是個男孩。弟弟還未學語時，晚上都睡不好，輾轉反側，時常哇哇大哭。會說話之

後，半夜哭說旁邊有人。上幼稚園把老師搞得精神緊張，跟他爸媽說：「你家小朋友一直說有人跟著他，其他小朋友都很害怕，以為『安娜貝爾』來了。」

我揮舞黑令旗，從其中的震動感得知，這是被嬰靈干擾，是「哥哥」來搗蛋。我先給予他母娘的平安符，再請他們將芙蓉和抹草以熱水浸泡，接著加入冷水成陰陽水，擦拭孩子全身，以避陰、驅邪，孩子晚上就好入睡。

但這些都是暫時的方法，並無根治，還是得上三間大廟，各請一位法師作法超渡一魂。話說人有三魂，必須三廟各處理一魂，使三魂再聚之後才可輪迴，再往下一世邁進。

這對年輕父母其實很後悔當時把哥哥流掉，他們承認，有時想起，心裡會不安、不忍。也許「哥哥」也感應到了父母的悔意，所以常來找獨缺他的一家人。我安慰他們：「三魂相聚後，靈魂會去更好的地方，你們要抱著這樣的信念祝福他。」但也忍不住虧他們：「你們看自己欠他多少，他又愛你們多少，會一直找爸媽一起吃飯。」年輕媽媽都快掉下眼淚，我拍拍她肩膀說：「你們緣分真的很深，期待他的下一世跟你們重聚吧。」

縱然每個人的情況不一樣，但母娘家教甚嚴，她說：「做人可以活潑，但做事一定要嚴謹。」殺人是大罪，胎兒在母親懷中生長，他也是人啊，扼殺一個無法決定自己命運的孩子，更是罪中之罪。

四、家長強制人流——

大學女生劈腿闖禍，懷孕不知孩子爸是誰

傅太太是坐著有司機的高級汽車來的，她的穿著儀容恰如其分，神態帶著貴氣，

氣場很強。她開口說：「我要她拿掉了。請問子芸師父，接下來我要怎麼做，才能幫女兒和我本人除去業障？」她拿出女兒照片給我看，神態不與母親相似，外型不那麼出色，也許更長大之後，才會感染到專屬於顯赫家族的氣質。

傅同學還在念大學，很小的時候，她家長輩為了家族利益，已幫她找了門當戶對的對象，從小就有「未婚夫」。兩家走得近，兩人一直都玩在一塊，但又不那麼麻吉，有點熟又不太熟。傅太太說：「女兒本來要出國念書，對方家長擔心我女兒在國外交新男友，有反對的意思，我們就把她留在國內升學了。」

就算在國內，難道就無法另交男友嗎？傅同學一邊和「未婚夫」相處，一邊又和另一男孩子看對眼。她對高大帥氣、有將相之才的未婚夫感覺「戀人未滿」；對個子小，相貌不出眾的新男友日久生情，越看越喜歡，兩人超級對頻。後來她發現自己懷孕了，不得已向母親誠實以告。母親當場頭皮炸裂，問她孩子是誰的？她搖頭說不知道。傅太太來不及哭，就立刻帶女兒去熟識的醫院「處理」。

傅太太一方面覺得自己主張女兒墮胎，是殺生，很對不起那孩子。但家族的利益牽涉雙方家中眾人，要為大局著想，墮胎是無奈但必須做的事。

我先要求傅太太和女兒向自己這方的祖先道歉，因為她們把流著自家血脈的孩子斷命。也把去三家大廟請法師作超渡的方式告知傅太太。照說，傅同學行事不小心，送走小生命，福報極差。但幸好她家十分富裕，母親領悟到所做不應為，其實心裡也頗不忍。超渡法會那天，她母親請來了三位大和尚親自作法誦經，略消女兒墮胎惡業。我想，這位小寶寶在大師出手後，有機會投胎到好人家。

後來傅同學還是嫁給了未婚夫，這件事證明了有錢和沒錢，都有苦惱。傅太太提到過，女兒在這富貴之家中很有壓力，覺得跟一般人家相處比較能做自己。現在她既為人妻，祝福她有好的婚姻。希望她的孩子在兩家人的祝福下出生，補足今生福報，力求圓滿。

母娘說，人都是糊塗的，都是顛倒的，把孩子的命弄沒了，才在擔心他靈魂的去向。希望眾人在「快樂做人」之前，先「嚴謹做人」，否則超渡儀式再多，都無法消去自己的業障。

嬰靈在混沌陰間流轉等待，終於遇到下一世父母，卻「未生即死」，活生生被推回原來世界，何其無辜！七月為孝親月，是舉辦梁皇寶懺法會時。母娘感念消亡的新生命可憐無助，下聖旨要林口三寶佛堂備置上百個嬰靈牌位，以安頓嬰靈之心。可知母娘不只家教甚嚴，更以慈悲心映照人間。縱然每個人的情況不一樣，仍請思前想後，給孩子來到世間做人的機會。

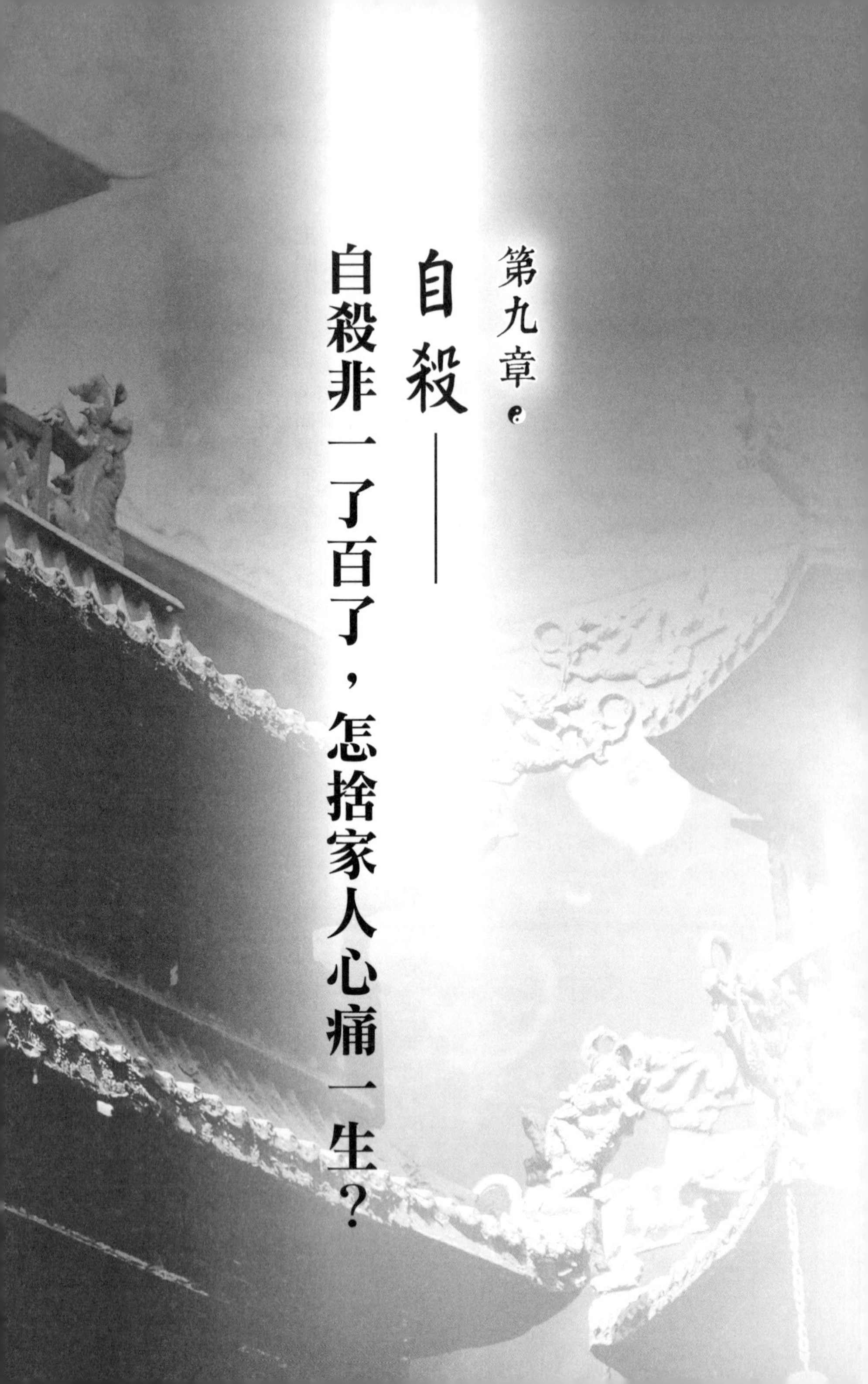

第九章

自殺——自殺非一了百了，怎捨家人心痛一生？

第九章

自殺——自殺非一了百了，怎捨家人心痛一生？

自殺是天大罪孽，不僅殺生，更是謀殺自己，壁虎都會斷尾求生，作為萬物之靈的人比之都不如。你的生命不只是自己的，也是父母給予，還有兄弟姊妹、朋友之間的羈絆，殺了自己，等於抹去和所有人的依存關係。佛教認為自殺是「大惡」，教唆他人自殺更是「大惡中至惡」。不只佛教觀點，其他宗教亦認為自殺等於犯罪。「自殺不能解決任何問題」，母娘則說：「在千百年看到眾人苦於當下問題而選擇自殺，我一直關注他們若仍在世上的可能生活，往往是『前塵往事』，若選擇存活，任何關卡都可以順利度過。」母娘難捨這些失去的生命，奉勸眾人慈悲心不只是用在他人身上，對自己亦是。「愛惜自己，餘生美滿」。

一、隱瞞親人租屋處自殺——死後不甘，要求冥婚

一晚，我剛開始做晚課，接到宋小姐打來電話，語氣又急又悲傷，「我堂妹在租來的房子裡過世了。」妹妹叫小娟，才30出頭。宋小姐只說她是猝死，因沒有解剖，所以真正死因不詳。這時恰好有幾位出家眾蒞臨我們林口三寶佛堂，基於善心，以最快速度幫小娟寫牌位、做法事。搶在第一時間為自殺者做法事對亡者至為重要。陰魂在人世間和陰間徘徊來去，不知何去何從，比在人世時更迷茫。義工趕緊去買了兩份菜飯，一份供給亡者，一份供奉地藏王菩薩。

一切準備妥當，佛事在5點多時圓滿結束。我感到筋疲力盡，就在後面禪房小憩。晚些，我聽到女性哭泣的聲音，我不予理會。哭聲持續一陣之後，索性敲門，越敲越大聲，我下定決心當沒聽見。晚上入睡前，該女子哭得更淒厲悲慘。就這麼

連續哭了好幾天，一天比一天嚴重。我本意是要知她所來為何，所以故意裝作沒感應到。第七天，她似乎懂我意思，本來在門外哭，後來在我身邊啜泣，我整晚似睡非睡，她說話了：「我不是猝死的，我走得很不甘心，可以請師父幫我辦冥婚嗎？」

我知來者是小娟，當時幫她做法事，我們只是隨喜功德，為她人生的驟然結束給予關懷。現在她竟來哭個不依不饒，可知有冤屈或心願未了。她說，當時因為和男友爭吵，一時想不開，於是燒炭自殺。我知情之後，並沒跟宋小姐多透露，之後恰好六六開天門，我又幫小娟做了一個佛牌。

一個月後宋小姐來悼念小娟，說了一些她的身前事。我說：「小娟的魂一直在我們佛堂一個多月了都沒離開。」宋小姐愣了一下。我又說：「小太子不高興了，你們想知道原因嗎？想知道的話請執杯。」她執了個聖杯，我說還要第二個，她又執，仍是聖杯。她看我一眼，意思是這樣是否足夠？我不放過她，要她執第三、第四，一直到第六個，都是聖杯，義工們都在旁鑑杯，大感驚奇。

我說了：「六個聖杯是證實妳沒說實話，堂妹不是平靜離世的，小太子和我都知道了。」她臉色驚恐，我又說：「小娟對自己還未婚嫁就走了，也還眷念她男友，她要求冥婚。」宋小姐趕緊下跪敬拜母娘和小太子，羞愧離開佛堂。既然我已把逝者心願告知，之後就看她家人怎麼做了。後來的日子，小娟和我鬥意志力，看她哭得響，還是我睡得香。

半年後，宋小姐把亡者的母親和男友帶來，此時，小太子不想跟進參與，母娘亦是：「一切的安排就這樣了。」就不再多說。我知道宋小姐沒有能力辦冥婚之事，就說，可以想辦法為他們解決。

關於冥婚方式為，由生者操辦冥婚儀式，並在此後生者吃的每餐飯都要另備一份碗筷給冥婚對象，其意是「我自己有飯吃，你也有，我願意與你同享」。宋小姐很愧疚地說，會拖這麼久，是耗在跟男方及雙方父母討論，並非故意不來。

一般民間把冥婚看待成妖法邪術，其實冥婚並無不好，我的老師謝沅瑾也有冥婚。每次老師和師母用餐，桌上一定備有另一副餐具。這是滿足生者願望，安慰死者之靈。冥婚並不可怕，反而是同理心的展現。回歸到生者本人，因為對逝者的愛護與不捨，反而自己在事業或人生路上都會走得很順暢

宋小姐是否坦承以告堂妹是自殺還是猝逝，有什麼差別？差別很大！我們為你親屬搶時間做法事，來不及多問就忙碌起來，我們這麼相信你，你卻不老實說明，謊言會減弱法師作法的功效，可能做了也是白做。因處理自然死亡和自殺的凶刑大不同，最好要有具備經驗的法師處理。所以，你若真心為逝者好，請務必說實話。

二、集體自殺沒死成——
眾人相約尋短，她卻救回一命，他們上門找她了

林口三寶佛堂女性信眾非常多，幾乎已成為女信眾的專屬佛堂。有些念高中或大學的女孩也常常來佛堂求靜心或來聊聊天。她們自己說，這裡對她們有一種溫暖且平和的吸引力。

有位大學女生淑美和一群同學是我們佛堂常客，小太子會逗弄她，「妳自己不好好讀書，妳來問我求保佑，妳也不會考一百分。」淑美是這女孩子中最活潑的，但她的孤獨感躲不過我的眼睛。我試圖問她，她笑笑說：「我喔，活得很孤單，很寂寞⋯⋯」停下又放大笑容說：「我乾脆死了算了。」深知她心事的小太子要她每周來佛堂一次，她都依約前來。有一周她沒到，第二周也是，有天我意識到她缺席時間長達一個月之後，突然收到她的訊息，我要她趕緊來佛堂。

於是，我見到眼前恐怖的一幕，淑美開門進來，她像剛闖過寒冰地獄而來，身上冷冰未退，她經過時，義工們都打了寒顫。她從大門「飄」到我座位來，這是「凌波微步」嗎？我怎看不到她的雙腳？她傾身而來，一下子臉就快要貼上我的臉，頓時，我身上寒風刺骨。

我定睛看她，她五官模糊不清，臉色都發青了還不忘記微笑。我像被困在冰庫中凍到打哆嗦。一時之間，我懷疑打電話來的人是她嗎？她還在人間嗎？

我冷靜下來（其實已夠冷了），問她是否有話跟小太子和母娘說？淑美頹然坐下，幽幽地說：「我一直很想死，但我很怕痛，我上網跟很多也想死的人聊，他們說，燒炭不會痛。我們這群互不認識的人就約好，在同一個時間，在各自認為『方便』的地方燒炭。我覺得家人都不關心我，也就參加了。」

淑美去買了木炭，人生最後一站決定在家中浴室。彼此相約的時間點一到，她直接在浴室地磚上放木炭，費了一番功夫終於點燃。在一氧化碳包圍中，她腦袋漸漸昏沉，逐漸失去意識時，突然傳來巨響，她頭部和身體被幾個硬物擊中。她猛然醒來，看見好幾塊地磚受熱而爆炸，掉落到她身上。瞬間她看到母娘和小太子提醒她「趕快跑！」她撐起發軟的身子打開浴室門，用盡僅存的一絲力氣才爬出浴室。一爬進客廳她又昏倒過去，醒來時人已在醫院。

那時，她在客廳不省人事時，爸媽剛好回家，被眼前景象嚇壞了，趕緊叫救護車送她去醫院。急救醫師說，她體內血氧已經很低，再晚一些命就沒了。淑美說，她命是撿回來了，但腦子因缺氧已經受傷，要花費好一段時間做高壓氧治療，才能恢復之前的健康狀態。我嘆氣說：「當時小太子和我這麼關心妳，沒想到妳還是做了傻事。」

可是，不是每個相約尋短的人都有淑美好運，有好幾位確實成功了。他們自以為達成「人生最後使命」。弔詭的是，卻對沒順利走成的人心有不滿。他們跟著淑美，不願意離開，一直在她耳邊鼓勵說，「再去燒炭一次，不會痛，真的！」這些亡魂鬧呀鬧的，沒有放過淑美的意思，直到她全身如寒冰一樣靠近我，仍慘然說想自殺。

這事情很大條，必須七次在固定時間做祭改。淑美要上學，要做高壓氧治療，無法定時來，我要她拿件衣服來代替她本人，以黑令旗調解那幾位冤親與她之間的怨氣，告知這是他們自己的選擇，淑美能留下來是天意，要不然不會這麼巧，地磚因高溫破裂，母娘和小太子前來營救，而父母剛好回家。這三件事巧合也好，神明安排也罷，都是天意。「既然木已成舟，請前往你們該去的地方，早日超生善道。此生不如意，我們為你們祈求來世順利。」幾番真情以告，母親和小太子出面化解，逐漸地，淑美不再執著當時未成功的心願。

一般來說，不是每個佛堂或法師願意做自殺者的法事或祭改，因為難度很高，消除自殺者的怨念執著十分困難，可能為做法者帶來許多挫折。如果好不容易找到願意做的法師，就算連續做上七次，也不見得這些亡魂能順利投胎。自殺最可怕的是，自己一走了之，下輩子仍吃苦；有子孫的害得他們發展很不好，每走一步如履薄冰，事業沒發展，工作不順利。父母則痛苦難當，下一步可能隨你而去。這些，是你想要的嗎？是你所謂的一了百了嗎？

三、氣爆全身燒傷要全家陪葬——一念之間他改自殺念頭，迎來幸福婚姻

李先生在姊夫經營的工廠工作，他負責每天早上開爐，工作很簡單。有一天出了差錯，因同事沒配合好，那個巨大的爐轟然巨響，一團大火飛撲他全身。姊夫迅速將他送醫，原本高大帥氣的一個年輕男子，氣爆之後，全身大面積二級燒傷，胸前一級燒傷，臉部變形，走路要用拐杖。姊夫很自責，給他一筆慰問金，勞保給

予工傷理賠，但還有一筆款項他一直沒等到。因燒燙傷治療需時很久，他已失去意志力，負面能量直上。他充滿恨意說：「別人的疏失把我害慘了，我要找誰誰誰陪葬。」媽媽出言安慰他，他一聽更無來由地怪罪家庭，他說：「媽你跟我一起走，不！我要全家同歸於盡。」

媽媽幾乎已不認識整個人巨變的兒子，好說歹說，這天兒子終於願意跟媽媽一起來林口三寶佛堂。他帶來了醫師診斷證明，我先請小太子過目，小太子說三到七天內，會獲得那筆遲遲未給付的理賠金。母娘說：「事情的發生不是莫名而起，有它的因果存在，你要打從心裡放下，原諒自己原諒別人，因果循環。此事的因，是它事的果，同樣的，果又是他事的因。請靜心等待好事來臨。你若不放下則發生其他壞事，你必須改變你的心念。」

過了半年，李先生跟其母帶了一女子來佛堂，告知那次回去後，果然在七日內領到理賠金，他開始認真做治療和復健。這半年來，他一直叮嚀自己要「正念、正心」，燒傷恢復較以往快速。說到這，他看向那女子，笑說：「感謝母娘、小太子和子芸老師，我跟你們介紹，這位是我女朋友。」在女友鼓勵支持下，他變得開朗活潑多了。

再半年後，我收到他寄來的結婚照和一封信，信中他說，其實到佛堂找子芸老師之前，他已尋遍好幾個宮廟，不是說沒法處理他的問題，就是不願處理。很慶幸自己來到三寶佛堂，改變他走調的人生之外，又給了他更多的好運。我請她母親轉告，指路的是神明跟我這個中間人，是否依照母娘指示得福就看他自己，「這些福氣是你該得的，請秉持正心、正念好好生活，幸福長隨左右。」一年後他升格當爸爸，生活美滿。可知，改變心念是多麼重要的事，可以救回多少人性命。可比，人的身體是機器，心是控制器，心怎想，身體就怎做。自殺不能解決問題，魚死網破反而製造更大問題。抱持負面想法者，請三思再三思。

四、不滿他／她太平庸——
爸媽放過自己吧！條條大路，何必硬要支配下一代

中年的杜媽媽一身精裝，年紀看來比同齡人年輕，女兒杜杜氣質很好，一看就是受過良好教育的女孩。情商高的杜媽媽不喜歡女兒的平庸男友，對從小栽培的女兒也越看越不順眼，覺得她怎麼不像他們家的人「高貴」。她說明案情時語氣輕緩，看不出情緒，確實頗有教養。

她說，女兒杜杜有服裝設計天分，她一路栽培女兒，國內專門學科畢業後，又送到國外專業栽培，回台後發展很好，是深受國內知名設計師看好的下一代。這麼優秀的女兒愛上的卻是一個在父母眼中再平庸不過的一般上班族。她和丈夫對這男生一點都看不上眼，杜爸爸氣到心臟病發，裝了兩支支架。出院之後女兒並無回心轉意，乾脆搬去和男友同居。氣壞的兩老說：「再不即刻回家，我跟你媽去自殺。」

「我的女兒是名媛，將來是貴婦，怎麼會看上這麼不起眼的男生？」杜媽媽說：「已經準備好給女兒的嫁妝，我要打對折！」

女兒沒回來，倒是用簡訊跟父母吵架。

「要我回家，是想利用我吧！」

「家裡已經很有錢了，還想再利用我去賺錢，你們太現實了。」

「不要用死來威脅我，沒用。」

女兒把父母深愛她的心思拿捏得死死的，知道父母不可能這樣拋下她，但就是不回家，也不透露現居地地址。杜媽媽只好勸說女兒同來子芸老師的三寶佛堂，希望能化解兩代之間的矛盾。杜杜知道我的名號，豪不猶豫答應同來。

我先請小太子幫忙，祂說：「咦？杜杜你其實心裡很難受對不對？你很想離開原生家庭，但放不下爸媽。」又說：「杜媽媽你也真是的，女兒有她天生的才能就是神明給她最好的餽贈了。你為何要這麼執著，要女兒做名媛貴婦？杜杜可以選擇自己的路，管他什麼名媛貴婦，她設計服裝的天分和後天訓練，只會使她事業上更成功。你放過自己和女兒，兩代人各走各的路，不好嗎？」

女兒靜靜聽著，沒當場吐槽媽媽，容許老母沉思一會。我說：「不要老是說負面話語，自殺的話說多了，菩薩覺得再給你活著，祂都要對不起你們夫妻倆了，到時候發生憾事，就來不及了。」母娘提示：「妳和夫婿自己要心態平靜，長修藥師法門，心安定，對自己好，孩子也會好。」後來為了家庭和諧，兩代人各自保留空間，杜媽媽沒再遙控女兒，自己和老公也不再尋死尋活。

另外一對姓鄭的爸媽也是，對兒子的女友極其不滿，鄭父原本掌控慾很強，他說一，孩子絕對不能二。但感情的事完全是個人感受，這回，兒子不聽他的了。一晚，鄭父夢到兒子去登記結婚，他氣壞了，一起床就拉著老婆去找兒子，強行把他拉上車，「我們作伙去死！」

有些人氣起來會說：「你怎麼不去死一死？」這種話千萬不要脫口而出，有些人禁不起刺激真的去實施了，這種冤債會算到這個慫恿他人，不把死當一回事的人頭上。

五、兄自殺妹不捨——你可知家人傷心難過，焦頭爛額尋法師超渡你

和哥哥感情很深的妹妹小雅，到佛堂表示，希望七月的法會能為哥哥設牌位超渡。小雅老實說，哥哥自縊走了有幾年之久，她自己省吃儉用，就為了每一年的七月半，到各個廟宇為哥哥作大佛事，希望他儘快擺脫自殺罪孽，趕緊去投胎。但因為每次花了錢參加法會，在茫茫牌位中卻看不到哥哥名字，所以今年來林口三寶佛

堂，希望能在牌位上看到哥哥名字，才有為哥哥超渡的真切感受。這點沒問題，牌位是三魂中一魂的暫歸之處，不能不設。

小雅聽了很安慰，哥哥曾入她夢，要她別再到處花錢做佛事：「我自己的選擇，我自己擔。」妹妹聽了更傷心：「子芸師父，當時哥哥有心事，為什麼不找我說說呢？」哥哥是幫朋友舉債投資失利，選擇走上絕路。小雅說，哥哥一向力挺朋友，聽信他們投資獲利的大話，賠掉自己和朋友加總起來的幾百萬鉅額。在世時，他說自己已想方設法還債，這些狐群狗黨卻不給他時間，有天拿了開山刀上門要砍他和老婆、孩子，他只能以自己的肉身去擋刀。哥哥受不了死亡威脅和家人可能受重傷的壓力，最終自縊身亡。

我告訴小雅，我們是一對一做佛事的，不是一次為十幾萬亡魂做法的超大型法會，每個個體亡魂會更準確收到經法訊息，對自己罪孽更有感，魂回歸正處的機會就更大。妹妹聽了，又看到佛堂為哥哥準備的牌位和飯菜，臉上終於有了笑容。

法會結束她返家後，夢到在三寶佛堂的法會上，聽到有人喊哥哥名字，隨後哥哥帶著手銬腳鐐，被獄卒從一大型籠子內牽出，這幾個老粗獄卒抓起一個裝了飯菜的大碗，把飯菜倒在大臉盆裡，餵食哥哥。小雅說：「看到哥哥吃的嘴巴鼓鼓的，終於能吃頓好料了。哥哥有被善待，有東西吃，我覺得很安慰。哥哥還說，他會單獨被菩薩召見，我聽了高興到醒了過來。」她跟我們道謝連連，說好明年再來。

看到這妹妹為哥哥一時想不開而操煩，想任意了卻此生的你還能這麼無情嗎？還敢做出做不起自己、有愧於家人、辜負上天給予生命的自尋短見嗎？

自殺者比嬰靈更不易超渡處理。佛家向來以修藥師法門為自殺念頭把關，藥師佛以祂的十二大願，解眾生疾病之苦，助人解脫生死煩惱，是為無上之大法。

自殺者死亡後來到枉死城，正如民間所信，會一再一再地重複自尋短見的行為。家人就算每年超渡，都可能融化不了亡靈們的執著。不要以為一人做事一人擔，你走了，輕鬆了，你的子孫卻因你的莽撞愚蠢倒楣三年，甚至三十年！三寶佛堂設有功德堂，有地藏王菩薩、有護法神將坐鎮，會令亡者聽經聞法，令其慢慢放下執著心，帶領祂離開事件現場，不再重複尋死行為。亡者心感圓滿，魂靈等次從下品、中品、上品逐漸提升。至上品就可以花開見佛了。佛是通透宇宙萬物的覺者、開路者，在我們輪迴千百次的「流浪生死」中，始終指引我們，對自尋短見亡者亦是。

母娘有云，我們做人不怕死、不求死、不白死，生命終結時間到則圓滿結束此生，此時務必求好死，避免身邊那些惡靈成為厲鬼妖魔來找亡者麻煩。母娘特別提示，臨終前放下萬般恩怨，原諒一切，也請別人原諒自己。生命才能得到好的循環。

因果相連相循，自殺者來生一樣受困。有人說要尊重生命，怎麼尊重法？珍惜你現有的健康身體和正常意識，做好事，好好生活，體諒他人艱難，容許自己有調整犯錯改正的空間。抱著這樣的心念，就是尊重生命。

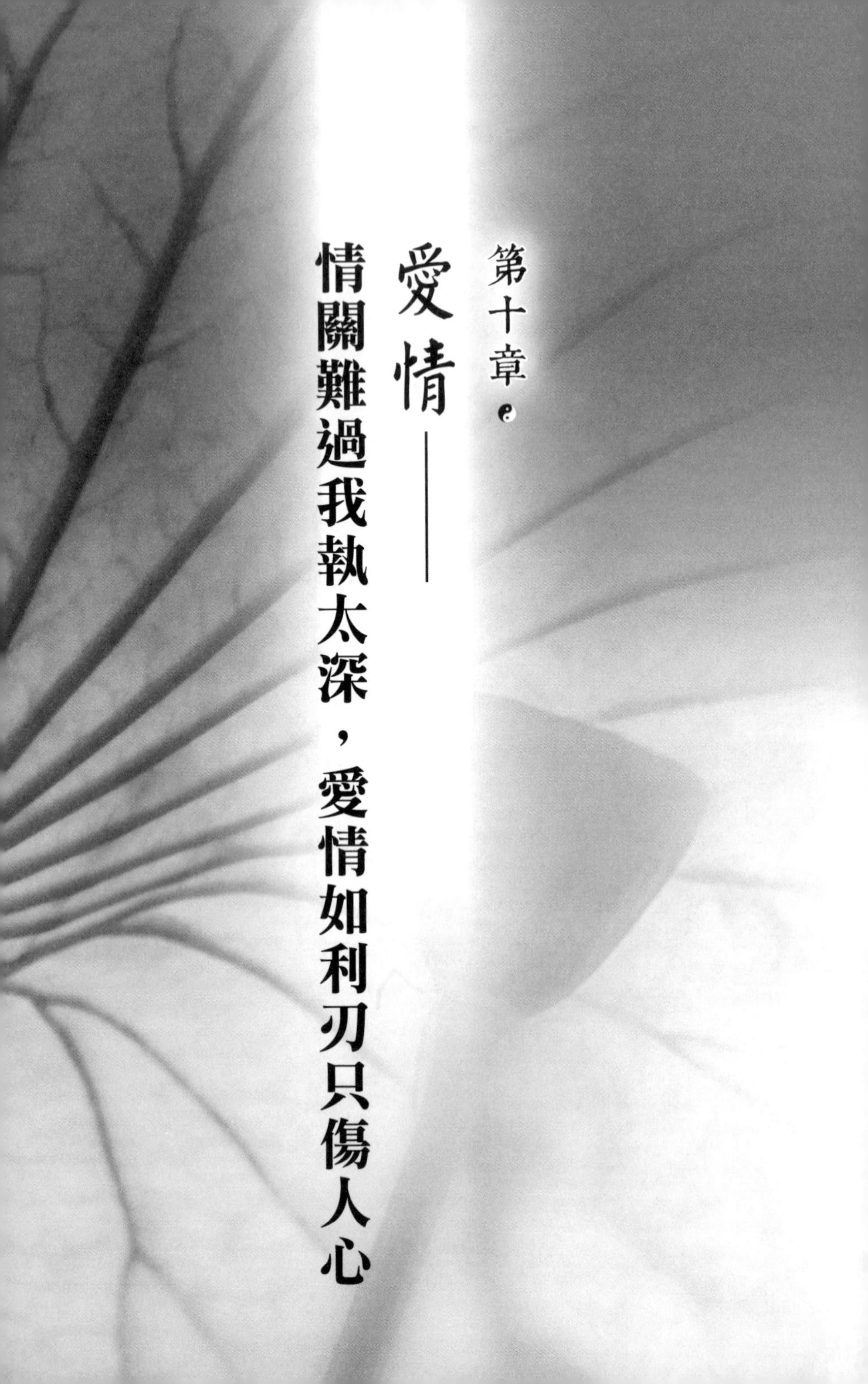

第十章

愛情——情關難過我執太深，愛情如利刃只傷人心

第十章

愛情——情關難過我執太深，愛情如利刃只傷人心

佛說眾生有情，情來自於愛，而愛有千萬種姿態，我們一直苦求愛情來臨時的心心相映，希望它永恆，希望它不會消散。

因這份苦求之心，愛可以是精靈，也可以是惡魔，有時候是惱人的小搗蛋，有時只是生命中擦身而過的甲乙丙丁。

愛情是什麼模樣，每個人各有體會。只要，別讓愛成為魔，這樣的愛才足以珍惜；若成為心中的魔，就放手吧！越愛越累越痛苦，迷惑顛倒，已是昨夜梧桐昨夜雨，愛都離開了、變質了，你還緊抓不放，何苦來哉？

一、離婚女戀愛腦——

糾纏不清不放手，愛情不是遊戲有輸贏

長相亮麗的張小姐離過兩次婚，她對愛情始終有強烈的嚮往。第一次離婚是嫌對方一心在工作上，無暇對她噓寒問暖。第二次離婚是對方家裡很富裕，不需要工作的老公常出去跟朋友玩樂，她深感自己被冷落。

我問她：「努力工作有錯嗎？你們還年輕，不是應該認真在事業上嗎？」她傲嬌回我：「那也要多理人家嘛！」我又問：「第二個前夫出去玩，有時間會陪陪妳嗎？」她嘟嘴回：「每周會帶我跟小孩去吃高檔餐廳，但他應該多陪陪人家嘛！」

她最近突然對某位男同事「很有感覺」，因為不在同一部門，所以常找機會「遠望」他，男同事發覺之後，也經常到她部門走動偷看她一眼，兩人只差沒有「山歌對唱」。

幾次同事聚餐有來往後，張小姐向他表達心意，男同事回說：「我對你也蠻有感覺，但讓我再想想，好嗎？」不直接接受，也不立刻拒絕，這使得「愛情巨嬰」張小姐十分痛苦，每次下班總要找機會去「堵人」，要他給個說法。

「我相信我努力不懈倒追他，他一定會愛上我的。」她很有勇氣和毅力，只是兩情相悅的時間遲遲未到。求愛不可得，張小姐喊著要自殺。她來佛堂，一直說，我要去死！我這麼喜歡他，他不感動不接受，我要去死！」

當下小太子不以為然說：「她是眼屎遮眼了，我看那男的還好而已。」母娘說：「賀爾蒙作祟，才會愛到你死我活。」我跟張小姐說：「他只是喜歡搞曖昧，妳跟他之間不會有結果的。」她當下立刻大哭。小太子看了嘆氣，只好去查他們兩人的因果，得到的答案是：「頻率不和，互不歸屬」。她跳腳喊救命：「子芸師父快救我！我好想死！」

其實，兩人之間是否有電流，是否有機會交往，是騙不過自己的。我們說的緣分，是前幾世因果的累積，摻合了業力和福報等因素。男同事只想搞曖昧，已說明上輩子他們同樣互不隸屬，永遠只是打擦邊球，沒機會的。我告訴她：「愛情使人醉，莫忘家人淚」，愛的死去活來只是折磨自己，沒有任何意義，你的家人看你如此，又幫不上忙，不也陪你一起痛苦嗎？

母娘下令，要我以黑令旗為她加持，驅除雜念正心自愛。我要她最近少吃肉，調息心靈，傳移目標。但我一想，不對啊！她每次來都是問與不同男子的緣分，下次她包準又「心花開」，跑來問：「他到底愛我不愛？」母娘給的若又是「擦邊球，你倆無緣」，她內心肯定再度受傷，我擔心哪天她真的尋死。

我只好給她一個絕妙建議：「妳以後提早上班，晚點下班，找機會去觀察那個同事，反正這種偵查工作妳常常做，難不倒妳。人有很多面，妳可能會發現他對同事不友善，個性懶惰，事情都推給別人做，會有意無意和其他女同事有身體接觸，吃人豆腐。私底下還常挖鼻孔、亂吐痰、不愛衛生，這種男人妳還想要嗎？」張小姐張大眼睛立刻搖頭。我說：「那就對了，以後妳遇到哪個妳自認心儀的男人，就私底下多觀察他的另一面，一定會找到令妳立刻放手的新發現。

聽她朋友說，張小姐最近「魂魄覺醒」，不再對那男同事魂牽夢繫。真正命裡有的當屬於妳，愛情初發靠一個緣字，先「渡自己」，改變一觸即發的戀愛腦，正的果自然出現。衷心希望她繼續「自渡」，與正緣相守。

二、搖滾大學生為愛出家——

愛已逝去好傷心，放開心創作，負債成資產

有個最近復學的大學男生來找我，我看他清瘦的模樣，不知怎的聯想到以前出

家時的自己。果然，男大生小賢曾出家數月，但內心繁雜，無法安定。廟宇的木魚青鐘、儀軌功課，聽法師講經，早課晚課，打掃院堂，各種出家眾的事都做足，仍壓制不了他對那個女孩的念想。

就是為了同班同學小薇，小賢才出家的。在全班訝異之下，他剪掉及肩的搖滾吉他手髮型。這還不夠，他剃光頭髮，說要出家，這下，全家都矇了。

小薇當初因為他的搖滾吉他手的氣質喜歡上他，後來卻喜歡上另一個帶著眼鏡，斯文愛看書的男同學，兩者比較完全是極端。

相處久了，小薇覺得，小賢他們這一夥人總生活在雲裡霧裡，搞樂團、常翹課，前途無「亮」。

小賢說：「小薇是個保守的女生，覺得自己常受到家裡的桎梏，所以之前喜歡上我，慢慢地我也被她吸引了。她跟我生活圈的女生不一樣，玩樂團的女生玩起來很瘋很狂，沒有束縛。後來我覺得那些女生像是在走鋼索一樣危險。但我終究不是合乎小薇理想的對象，所以她要求分手。」愛情的面孔就是這樣：曾經愛過，現在不愛了。

小薇離開後，小賢很想她，更嚴重的是，他對自己的生活方式開始失去信念。說起來就是：「過往小賢非小賢，今日小賢亦非小賢」。他覺得很亂，心神不定，失去自己，他要出家，他想去找到自己。

剃度出家其實要經過考驗，不是可以貿然進行的，他不說在哪裏剃度，只說出小薇分手後他的決定。師父要新出家眾每天五百拜，他就來個一千拜，然後敗在怎麼跪都驅趕不了的雜念上，他還俗了。

他說來找我，是因為我也曾出家，想找人聊聊。誰沒經過愛戀時的折磨和歡喜呢？我說：「當你愛她時像在空中飄蕩，而她已經腳踏實地踩在地面上了，你們的頻率已經對不上了。你在意你所愛，但她也有自己所求。她走遠了，你還在原地。

你想一想，會不會有另一個你的她還沒出現，你只要耐心等待就好。」

既然他玩樂團，我跟他說，我所知的一位著名搖滾歌手，跟以前的小賢一樣蓄著長髮，抱著貝斯一站上台全場歡呼。這樣一個充滿男性荷爾蒙的男人，他的妻子卻是看來像一般家庭主婦的中年女子。我說：「這恐怕是那位過盡千帆的搖滾歌手想不到的，但緣分就是到了，據我所知，他們過得很幸福。」

我又說，心中沒有佛，有的是一堆雜念，出家只是徒具形式，「情多想少」等於毀滅了部分的自己。「你需滅苦惱，斷啼哭，一點一滴把自己拉回到原先生活的正軌上。」

我知道，這些聽來都是理想、都是說教，不易授人。考慮他的愛好，我說：「你繼續玩音樂吧，既然你有這麼深沉的愛的痛苦，又為此出家，轉個彎想，這不就是你的資產嗎？你可以以你的經歷寫成動人的歌，把你被愛情所困的自我毀滅反轉成自我造就。」

他難得的眼睛一亮，眼睛裡已經沒有小薇，「子芸老師，妳說的對，我應該繼續做音樂，把我的心情唱出來，療癒自己也療癒聽歌的人。」他開心地向我拱手一拜，哼著歌離開了。

我在心裡笑，他的變化又快又猛，才說要寫歌就哼著曲子在創作了。

為什麼我說原本愛情的負債可以成為資產呢？因為你的經歷別人沒有過，那些大喜大悲是什麼滋味，沒愛過的人怎麼懂？你覺得很痛，別人連痛的機會都沒有，這當然是你的資產，尤其是創作人的作品源泉。

我們累積更多的思想、情感、體悟，正是人人彼此不同之處。有人失戀了去跳樓，有人失戀卻更認真打拼，那麼，選擇何者才是智慧的做法，答案呼之欲出。

三、工程師網戀團團轉——每個女子都沒見過，還問她愛我不愛

年輕一點的信眾跟我說，現在人很少在現實中找男女朋友，多數都沉溺在網路上，以為那花、那草會在電纜線的另一端等待著自己。哇！如果這種方便法門這麼行得通，世上男女早已都成對成雙了。

曾被媽媽帶來看前途的一位劉姓工程師，年紀尚未30，已經為婚姻而焦慮。工作太忙，隨時on call，他只好在各個網路APP尋找女友。常常是，對方只跟他說嗨，再聊幾句，他就來三寶佛堂報告，問我：「子芸老師，這個女生跟我合適嗎？她會愛我嗎？」

經過幾次幫他審核線上相親，我發現他喜歡的類型都是精緻型的女生，我問他：「她們不會是詐騙的吧？」

工程師瞪我一眼，發出「嘖！」的一聲。

「怎麼可能？」

「那麼，你跟她們其中的任何一個見過面嗎？」

「沒有。」

「你以為現在是古代啊，沒見過面就結婚，還問我有緣沒緣？」

「老實說，她們都說出來見面要付錢，我媽管我的錢管得很緊，所以才來問老師，適合的我再付錢跟她見面。」

「多少錢？」

「見一次面三萬。」

小太子說話了：「那些都是假的啦，跟你聊天的可能是男的喔！」

「這哪叫網路交友，這是網路援交了吧！三萬？好貴！」我氣得要命，這樣一個學有專精的工程師竟然這麼沒判斷力。

「真正的愛是一種修行，能提升你，不向下沉淪，你的尋愛方式沒有智慧。你現在喜歡這些女生，是鬼上身一時執迷。你應該去認識『實體』，找到一個不會彼此傷害、欺騙，一起好的伴侶。而不是往緬北那些園區裡找。」

「蝦米！KK園區！老天！我回去就刪掉那些ＡＰＰ。」

「還有，多跟有正能量的貴人相處，幫你穩住磁場。」

我一邊說，他已經拿起手機刪除ＡＰＰ了。

他要告辭時，我再次叮嚀他：「下次再看見碰觸不到的網路美女，你就當自己弱視、青光眼、白內障，看到的都是假的。合適不合適要碰面要相處才知道，不然你不只眼睛業障重，是整個人業障重了。」

四、男人不可靠有孩子才實在——

愛的領悟：剔除結婚選項寧願試管生子

婚姻這東西，有人想進去，有人進去了想逃出來。下次遇到了自以為是「七世夫妻」的，又跳進了婚姻。就這樣一直團團轉、來回跳，體力真的很好。我笑問：「很累齁？」她們回：「不合適就趕快換，不想耽誤自己。」這想法我認同，但我更認同母娘所說：「愛情和婚姻不是虛無縹緲的存在，你必須把它當作事業來經營，雙方才能獲得幸福。」

有些事業有成，但無心無力再經營婚姻的成功女性有另外的作法，她們認為男人不可靠，兩條腿隨時會跑；愛情不可靠，再用心經營都有「虧本」的時候，不如找個優質男性配合，生下自己的娃娃才實在。來佛堂的這幾位貴婦說出想法，大意是「男人終歸有一天不是自己的，但孩子永遠都是，所以計畫到烏克蘭，以試管嬰兒方式生下可愛的寶寶。」

時代和人心一直向前滾動，越滾動越包含更多想法和可能性，包羅萬象都捲了進去。只要有能力生養，幫社會養出一個健康快樂的小寶寶，其實是社會之福。至於未來如何向孩子解釋父親在哪裏，現在的孩子人小鬼大，妳以為他不懂的，其實他心裡都明白，所以基本上也不算困擾。

但為了求心安，她們姊妹還是一票整整齊齊來問母娘意見。母娘說：「可以，沒問題，只要法規可以，只要你家人能接受，也願意幫忙照顧。請多生幾個，為台灣增加年輕人口。」

於是這群事業有成的已過適婚年齡女子一起飛向烏克蘭，有的孩子做成功，有的可能要再等下一次機會。而這些回國生下的混血兒必須透過「領養」方式，才能名正言順成為她們的孩子。

不幸被母娘說中，也是我覺得很「可惜」的是，當時法令規定，單身領養孩子的審核較嚴格，所以，其中一位媽媽跟已婚的哥哥說好，由哥嫂先辦理收養。後來這位媽媽要把孩子帶回家，已和孩子產生感情的哥嫂卻不放人，雙方打起官司。媽媽很是心灰意冷，只能在法規放鬆之後，再度去烏克蘭進行人工受孕，終於迎來可以自己領養的親生孩子。

有人把愛情看得十分通透，就像這幾位「不婚媽媽」們。她們都曾在愛裡跌過跤，談戀愛都像陸戰隊爬「天堂路」，傷痕累累。最後決定自己扶自己一把，不要男人要孩子，是她們最終極的選擇。

你我他的尋愛方式各不同，身在愛中的人才知其味。不婚而人工受孕是一種思想的進化和社會的改變。還是那一句老話，只要不傷害任何人，自覺自己能承擔，我們大可調整心態看待這件事。

五、走跳道場只為找獵物——女子劈腿兩男，為愛痴狂還是性愛成癮？

小青專跑各家道場，不是為靈修，而是為了滿足慾望。為了想多認識男性，到處播下情種，追蹤獵物。小青並非是個長相亮眼的女生，有的是不見黃河心不死的決心，毅力驚人。

最後這間她出入的道場成了她的主戰場，她第一眼看上想挑戰的是教主，無奈教主有點懶，除了大型集會他出現在可望而不可及的高座上，道場其餘大小事項都由教母處理，她在台下使盡渾身解數也無法引起教主多看她一眼。於是，小青改變計畫，把目標鎖定在教主兒子身上。

道場有個「歡樂家聚」的規矩，每周固定時間到某一道友的家中舉行聚會，就這樣，她又看上道友葉先生。她卓越的追求精神同時發揮在教主兒子和葉先生身上，與兩人都發生了關係。

葉先生是有家室的，不當關係遲早會被人發現，一旦東窗事發，小青和葉先生的關係也就到此為止，她將會被逐出道場。如果她和教主兒子苟且之事傳開，想想看，教主和教母會多憤怒，其他信眾又是什麼反應，會輕易讓小青離開嗎？

小青每當想到這事，膽怯勝過了慾望。她來林口三寶佛堂，把事情詳細說了一遍。從她的精神狀態，我發覺她略有精神分裂傾向，她自己承認：「我有性愛成癮症，連和男性講話，我都會起生理反應。我和他們兩個有固定關係，不管當下他們是否有需求，我就是想要。如果他們跟女道友多說話，我就會捉狂。」

母娘說：「妳心裡有魔。」小太子說：「這魔是可控的，但妳放任它跑出來。」小青一聽又從實招來：「只要在車裡、在飯店房裡，沒有人在的地方，我會一下子就脫光衣服，但我自己不知道。」

她就這樣和兩方維持性關係長達一、兩年，只要葉先生老婆、孩子不在家，她就立刻衝到他府上。有次葉太太突然回家，小青嚇死了，急忙找了地方躲起來。還好那次葉太太只是東西忘了帶，拿了之後就急忙出門。即使如此，已經很心驚肉跳了。葉先生提出分手，小青不肯，「我就想征服，誰都擋不住。」母娘說：「妳的魔又出現了，妳應該把自己的心洗乾淨。」葉先生最終決心回歸家庭，退出道場，教主兒子也玩膩了，不再理會小青。至此，這個道場她也不必去了。

小青嘴巴說想改，但她的行為騙不了人。林口三寶佛堂逐漸發展後，基本上是女性道場，若有男信眾，多數是隨家人前來，或是在佛堂初始就來敬拜母娘的資深信眾。母娘要小青自己解決心中的魔，但小青不改本色，每次在佛堂見到男信眾，就突然變了個人，男信眾辦完事要離開，小青都不辭辛勞陪他走了好長一段路，再折返回佛堂。

「可惜」，小青並沒有在我們佛堂的清幽之地拐跑任何一位男性，逐漸地，她意識到自己太「花痴」，太不正常。有天母娘開口了：「妳是否已逐出心魔？」小青思考半天，輕聲說：「我會努力。」

她來佛堂數次之後，好長一段時間沒再出現。再過一陣子，小青來了，她說她幾個月前結婚了。她勇敢向當時的未婚夫，現在的丈夫坦承自己過去的問題，對方說，會帶她去看醫生，協助她克服。現在，小青生活穩定，不再想胡來。面對往事，她說：「那時我真的好扯喔！」我問她：「性愛成癮，聽了就有點尷尬，妳為什麼敢說出來？」她回：「其實我知道這樣做很不對，但又忍不住，無法壓抑，來找子芸老師是朋友介紹的，建議我來聽母娘說法。朋友說我這樣下去，遲早出事。」

小青說，她來過三寶佛堂幾次之後，那種和不同男人相處的意念慢慢淡了。現在來找老師，是想把她的經驗說出去，希望能成為別人的教訓。「別人來道場是為了修心，修行，我卻老想那件事，太離譜了！」聖哉母娘，又挽救了一個迷途的人。

你自以為驚天地泣鬼神的愛戀，在別人眼中可能是令人無法直視的畸形的戀愛是在熱油鍋的邊上走，隨時可能掉下去：愛上人妻、愛上人夫、老師愛上未成年的學生、老阿伯和小女生相愛等等，畸戀百態，不一而足。

愛上一個人是美好的事，相愛更是宇宙玄妙的饋贈。但愛上不該愛的人，等於破壞自己前途和破壞他人婚姻，傷對方父母的心，令自己家人難以面對，甚至對方或自家人尋短見。

人是有情眾生，恨也多，愛也多，沒有菩薩能擋住誰不去愛、誰不去恨，這必須靠自己「一念心」去衡量，「起心動念」去把持。發現對錯誤的對象有感覺，避開躲開遠離就是，而非故意一而再再而三靠近，直到被你愛的那人也掉入情網中，這就演變成兩人的共業，要一起面對責難和因果帶來更糟的果。天底下人這麼多，你何必只取錯戀一瓢飲呢？

第十一章

性傾向——男男相愛女女相親與你何干？只要是愛都應被祝福

第十一章

性傾向——男男相愛女女相親與你何干？只要是愛都應被祝福

你有恐同症嗎？如果有，請別擔心，他有很高的機率不騷擾你，因為他也有自己愛的類型和對象。你反對同志婚姻嗎？如果反對，希望同志婚姻並沒有侵害你的權益。我們都希望此生能組成幸福美滿的家庭，我們想要幸福，那麼，同性戀何嘗不是？這是一個多元的時代，愛，也可以很多元。台灣二〇一九年透過釋憲和公投，開放同志婚姻，即使是佛教國家泰國也正在研擬同志婚姻的可能性。正如男女相愛，男人或女人愛上同性，對我來說，我全心給予祝福。

佛教說的「慈悲心」，這份心也就是「同理心」和「理解心」。同志若沒犯法，沒做不當的事，沒有誰有資格阻止他們相愛。更何況，在科學上，已有證實同性戀部分來自腦部結構以及基因的研究。如果你的子孫愛上同志，希望你可以拿下你的有色眼鏡。「修十善業」，佛法是利益一切眾生，請放開你的心，擺脫任何歧視同性戀的看法，解除你的束縛，多點理解多點同理心，祝福他們如你一樣找到幸福。

一、雙胞胎女兒愛女孩——媽媽痛心疾首，求助母娘太子

在林口三寶佛堂早期，有位何媽媽帶著雙胞胎女兒來，我一看到這對姊妹，眼睛就亮了，真是一對美麗的女孩兒。一個較為中性，有種英氣勃發的姿態，一個比較嬌滴滴，甚是可愛。何媽媽生有漂亮女兒，何其有幸。可是她愁容滿面。因為兩個女兒的感情事東窗事發了。

「去年我發現大女兒(夏天)交女朋友,那個女生是她同班同學,還叫我女兒『老公』,我聽了頭皮都發麻了,那女同學來,我都不給她好臉色。」

「然後呢?」我覺得事情不嚴重,不,這根本不算事啊。

「然後,我發現我小女兒(夏夜)也喜歡女生,這次是她隔壁班同學叫她『老婆』。」講到這,夏天和夏夜自己在偷笑,媽媽瞪她們一眼,只差沒抬起手來巴下去。

「子芸師父,有辦法把她們救回來嗎?」

「何媽媽,用『救』這字不是很妥當。有時候,性傾向是天生的;有時候,環境裡太多女生,難免會有這種事,等換了環境,想法就會變化了。」

夏天和夏夜果然念的是女校。

我先開導何媽媽:「其實不用這麼嚴重看待,反而會給孩子壓力,一有壓力就起叛逆心。原本只是暫時情況,媽媽一急,反而更不好。」我轉告小太子的話:「大的跟子芸老師一樣忘了帶把出生，小的嘛……」欸！小太子幹嘛把我扯進來。

母娘說：「妳保持心情安定，心境平安，有些事會有轉機，是她生命中必經的過程，過了一段時間，長大了，心性變了，自然會解決的。」何媽媽聽了終於放下一顆心，不，半顆心，連忙問：「是哪一個？大的還小的？還是兩個都會『變回來』？」小太子又笑了：「註定的跟沒註定的，你自己到時候就知道。」

何媽媽摸著腦袋，似是聽不明白這番話，兩個女孩子又在旁邊咯咯笑起來，把媽媽氣得不行。我知道她還有疑問，但有些事情確實需要時間，哪有可能母娘或小太子下什麼「魔咒」，把女漢子變公主，把公主找到王子順利嫁掉。我說：「其實母娘和小太子已說得很明白，你回去安心生活，不要再管束女兒。我偷偷跟妳說，一個！」何媽媽瞪大眼睛，一下又低頭：「好吧！一個也很好。」

這對姊妹其實書唸得很不錯，在學校是好好學生，我一點都不擔心她們的性傾向。只要行得正、做得端，性傾向不會改變她們什麼。

幾個月後大學開學，何媽媽自己來了，我問她兩個女兒最近好嗎？哇！兩個都考上國立大學，更令何媽媽開心的是，小女兒交了男朋友。我說：「看吧！母娘說要妳等等，很有道理吧！」後來據認識何媽媽的信眾說，夏夜正在籌辦婚禮，打算一畢業就結婚，迫不急待嫁為人妻。至於姊姊夏天，還是中性打扮，女友不斷。在工作上很受主管欣賞，沒有因性傾向而遭受不同眼光。我就說嘛，有才的人必發光，性傾向是什麼又何足掛齒呢？

二、母罹癌兒不回——孝子擔心性傾向暴露，從國外寄回救命錢卻不敢見老母

緣分是難解的，此生未解，來生再續，有些人的承諾是尾生之信，終將會實

踐它。這是一個母親的辛酸故事，胡媽媽的兒子小胡到美國念書，畢業後在當地就業，五年的時間不回來就是不回來。一年多前她得了癌症，想說思念已久的兒子這下該回台灣看望她了吧。沒想到，兒子只是寄錢回來給媽媽治病。兒子給的錢這可不是「意思意思」一點點喔，而是足夠胡媽媽安心治病、自費購買標靶藥物的大額費用。

胡媽媽傳給小胡長篇訊息，「你寄錢給媽媽有用嗎？你回來給我看一眼，才是我的特效藥。」在太平洋另一岸的小胡看了訊息，哭到不能自已。他不是不孝，而是他已經有了同性愛人，愛人很關心他母親，也希望胡媽媽能夠知道他們的親密關係。小胡同意帶男友回台灣，但他擔心母親因他的性傾向受到打擊，只好先跟母親打預防針：「我會帶一位很好很好的朋友回去，在美國都是他在照顧我，媽媽妳要對他好一點喔！」此時，胡媽媽好似料中什麼，自己的兒子自己最清楚啊！

母娘對胡媽媽說：「兒子如果回來，你要接受他的一切，不要反對，因為他已經過得很好；妳對他的認同，會讓他過得更好。」

終於，小胡帶著另一半回台灣了，兩人都是在矽谷工作的工程師，前途無量。胡媽媽一看到那男孩，瞬間就證實了自己所想。小胡卻以為母親是老古板，一定會反對而不敢歸家。胡媽媽牽起那男孩的手，誠摯地說：「謝謝你照顧我兒子，謝謝你。」當下三人抱著哭。看得我好感動，小太子笑我：「子芸老師是不是準備要哭了？」

他們三人再來佛堂時，胡媽媽說起一件傷心往事：「小胡有個姊姊，我一心盼望她長大，每天幫她買可愛的玩具和小衣服。那時我的心願是，以後她長大出嫁，我一定要把她妝扮得美美的，嫁給她心愛的男人。

「她生病走掉的時候才三歲，我傷心欲絕，發誓一定要把她生回來，實現我對她的承諾。」

「可惜，生的是一個男孩子。」小胡現在敢放膽跟媽媽開玩笑了。

「嘿啊！怎麼會是這樣？」

「媽，妳一樣可以把我嫁出去啊，不過，不要什麼裝扮得美美的就好。」兩母子哈哈大笑起來。

幾天後，胡媽媽多了一個女婿。小胡和他的伴侶在林口三寶佛堂的諸位菩薩面前許下誓言「禍福共度，今生今世不分離」，看著他們緊緊牽牢的手，就像一種牢不可破，必定實現的承諾，這次我真的掉下淚了。胡媽媽抹淚說：「謝謝母娘、小太子和子芸老師，我現在要來去傳請客的餐廳了。」胡媽媽心情很好，氣色更好，好上加好，為了共享兒子的幸福，她會再活更多年。

三、母發現兒性傾向急跳腳——只顧自己心痛，難道兒子幸福不重要嗎？

「兒孫自有兒孫福」是句老話，卻是句很實用的心理諮詢用詞。我們再關懷下一代，終究自己可能要提早離去，人都走了，你還有能力顧及子孫嗎？可以！只有今生為善不做惡，你的善念就能庇蔭子孫。可是，你若一意固執干涉下一代的生活，不僅孩子見到你就怕，甚至可能發生家庭悲劇。這種情況，在父母發現孩子性傾向的時候，時常發生。

一位中年婦女在朋友帶領下來到佛堂。她說，她發現兒子愛的是男人，她都快崩潰了。她看到我就像抓到水中的浮木，急忙地問：「子芸師父，有辦法把他『變回來』嗎？有辦法改變他嗎？我就只有這一個兒子啊！」對方越慌張，我就得越冷靜：「妳先別慌，我想知道妳還有其他孩子嗎？」她點頭，說還有兩個女兒。我又問她：「女兒跟孩子的爸怎麼看待這件事？」

她氣呼呼地說：「他爸爸根本不管，姊姊說，這種事太常見了，叫我不要緊張。」她說女兒講的一句話更害她憂心忡忡，「我以前就知道弟弟喜歡男生，這種事改不了啦！只要他不亂搞關係，找的都是好男生，妳就不要管那麼多了。」媽媽說，她那天揍了女兒好幾拳才解氣，氣女兒竟然沒早點給自己警報，「不然我就早一點帶他去『矯正』。」

「我也是有孩子的人，我知道母親對孩子的掛心是永遠放不下的。有的掛心是有價值的，孩子因此更上進；而有的掛心只會拉遠妳跟孩子之間的關係。」「如果真的不能改，我還是希望他結婚生孩子，其他他愛怎麼樣我就不管了。」又拍自己胸口，恨不得砸碎自己跳著腳說：「我很痛，我真的很痛啦！」

「希望他結婚生子！」我聽了一驚，母娘說「亂來！」小太子說：「那他老婆不就守活寡，很缺德耶！」我深深嘆口氣：「每個人有他的選擇，只要不影響別人，只要他自己好好過日子，性傾向很重要嗎？」

「我很痛，我真的很痛，心這裡痛，老師妳不懂啦！」這位媽媽身體前伏後仰，恨不得以她的身體語言顯示她多痛。

「妳的痛跟孩子的幸福哪個比較重要？」我問她。

她突然愣住，是啊！哪個母親不希望自己孩子過的幸福？

我再和她深聊，知道她兒子在內湖科學園區上班，很受公司重視，最近剛升職。兒子的另一半雖然沒有這麼出色，但也是個建設公司的上班族。兩人交往一段時間，是因為想結婚，所以「斗膽」回家老實以告。

她說，自己的婚姻一直很美滿，孩子也頗爭氣，都有不錯的工作，從小到大都沒惹事。我點頭說：「是啊！將心比心，妳現在應該要做的是，全家約妳兒子的另一半吃飯，再多相處，幫他鑑定一下這男孩子是否可靠才是。」

「我想抱孫子啊！」

「這時代要抱孫子孫女很簡單啊，醫療科學這麼進步。」

她點點頭，似乎有被說動，表情逐漸緩和。

「母娘和小太子有說什麼嗎？」

「母娘說亂來，小太子說妳逼她跟女生結婚會害人守活寡。」

「我不會這樣做啦！我的想法確實太離譜了。」她尷尬地笑笑。

做人很難，也沒什麼難；修行很難，也可以簡單。改變想法也是，「換位思考」不就是件簡單的事，而且，也是容易做到且實際的修行，不是嗎？

四、以忠實愛你所愛──
關係混亂被母娘看穿，「七仙女」嚇說再也不敢了

我們女信眾視林口三寶佛堂如港灣，能安心停泊，我們佛堂帶給她們寧靜安穩的心。但這天，怎麼回事？好幾個打扮得漂漂亮亮的男孩子喳喳呼呼擠上四樓佛堂來。

我差點要說：「姊妹們有何貴幹？」一算，他們一共七人，一看，他們是男同志，一想，莫非他們來挑戰？我笑了，覺得我最後的想法很可笑，但他們把自己當女眾來也太有意思了。他們其中一個看似領頭的說：「子芸師父，我們是從高雄開兩輛車來的，想問問師父，我們這幾個女生要怎樣才能過得比較幸福？」其他幾人眼睛瞄呀瞄地張望，和佛堂的女信眾揮手，大家都被他們逗得很開心，那種見到類似「第三性」的怪異眼光，我們這邊不會有的。

領頭的又說了：「師父，我們七個好朋友，有人叫我們『七仙女』，你覺得有沒有像？」我笑回：「我沒見過七仙女，不知道像不像，不過你們真的很美。」他們聽了開心極了，你推我我推你像在互推誰最美。

「小太子說話了。」

「快，祂說什麼，祂有什建議嗎？」

他們表情認真，一直催促。但我接下來說的話，他們就沉默了。

「小太子說，還是不能亂啦！」他們輪流對看，好像被看穿，低下頭看自己的腳，抬頭又彼此互看。

「小太子是小孩子，但很重視忠實啦、誠信啦！小孩子的心像鏡子一樣乾淨，所以祂一看到七仙女你們，就知道你們的關係。」現場好像可以聽到是誰在緊張而吞口水的聲音。

「對了！四面佛也來佛堂了！」

「哇！」七仙女齊聲一叫。

「你們是不是去求過四面佛，祂說你們還沒去還願。」

「會啦！我們是先來林口找師父，明天就去四面佛還願。」

「你們求幸福，可是不要亂來，」接下來我都不好意思說了：「一下跟這個，一下又跟那一個，這樣怎麼幸福？怎麼彼此相愛？你們既然可以做好友，自封七仙女，跟還沒出櫃的人比，你們已經很好運了，所以，乖一點，知道嗎？」

七仙女其中幾個紅著臉點點頭。

他們要離開時，我請母娘幫他們祭改，幫助他們導正心念，珍惜年輕時光，不做難以向外人道的事，他們點頭說好。看著他們安靜地下樓離開，不像剛來時胡鬧推擠，我覺得，他們長大了一些了。

五、靈魂裝錯身想去切——母娘所想既深且遠，苦口婆心勸且慢

自大約五年前，林口三寶佛堂正式對外幫人辦事以來，我遇到有事不足為外人道、內心為一些事掙扎無比的人所在多有。對成長於一般家庭的人來說，這些事前所未聞，或是根本不可能發生在自己身邊。有時，想起這些事，我總感慨，一樣是人生，好壞、高低，彩色與黑白，相差可以如此之大。

猶記三年前有位女孩子來，她一進佛堂眼神低溜溜地轉，我明白她有話不想予人知，於是帶她進辦公室談話。她對我喊了聲：「子芸老師。」此聲音非女子，其實我已看出，但還是想任她自我說明比較妥當。她說，她是男兒身，已經打了幾年的女性賀爾蒙，交過幾個男友。因為外型和嗓音的關係，她只能在第三性公關的酒店上班。賺錢快之外，也為動手術做準備。

「我的胸部從第一次做的B罩杯，做到現在的D罩杯。最近我在研究至關重要的事。」我看著她，她看著我。

「妳考慮要不要切掉是嗎？」我說。

「我現在不男又不女，我男友雖然不介意，但我真的希望我是百分之百的女生。老師，妳了解這種痛苦嗎？」唉，人生總歸苦大於樂，樂要在苦中尋。我怎可能知世間所有苦，但我抱持信念，助人解苦尋樂，能做幾分就做幾分。關於切掉的事，母娘說出意見。

「母娘的意思是要妳再等等。」

「要等多久？我已經等好幾年了。」

「不是妳的問題，」我轉達母娘的意思，「妳可以設定一個時間，如果這段時間，妳男友真心把妳當一起走一輩子的人，妳絕對可以立即安排手術；但如果這段時間他棄妳而去，去找一個一般的女孩子，而妳找到的新對象只是對妳現狀感到新鮮，那麼，妳急著動刀，似乎不太實際。」

「這跟我男友是否還跟我在一起有差嗎？反正我是打算要切了。」

「但如果妳感情出狀況，妳又切了個一了百了，這段時間妳能好好過嗎？有沒有可能妳在受刺激之下，做出其它不可挽回的事？」我看著她左手臂上一道道明顯自己以美工刀切割出的傷疤。

「啊…我懂了。」她恍然大悟，不再堅持最近去做手術。

是啊！急什麼急？關於時間和時機，母娘比妳自己還清楚呢！

「祝福是最大的力量」，擔心兒女性傾向，不如真心祝福他們，找到此生所愛。祝福自己，願意接受孩子選擇不同的人生。祝福愛上同性的自己，找到真愛共度餘生。人生幸福，沒有缺憾。

第十二章

霸凌——心靈扭曲霸凌他人一時爽，你得拿一生不順來償還

第十二章

霸凌——心靈扭曲霸凌他人一時爽，你得拿一生不順來償還

我常說「一念心」，做人做事保持初衷，遇到不順之事，請抱善念思考再行動，結局會大不同。

「起心動念」都保持「一念心」，自重重人，善念會記錄在你的累世因果中。有信眾反駁我，「不要再跟我說一念心了，我的心沒這麼大，我的心很小，不想裝『鳥事』。」對啊！你的心很小，為什麼不挪出空間裝些美好的事物呢？這麼珍貴為什麼還要把令你痛苦的人事物裝進來。何不轉念，以一念心「驅之於別院」呢？

我們的行為決定於起心動念之間，有些人見不得別人好，那顆邪念心被魔控

制，霸凌、欺負、壓榨，頻繁動用這些惡來對待別人。

「一日欺凌一日爽，餘生日日不得好」。請消散惡念，放開自己，放開別人。請以「業力果報」為戒，今日你對別人的惡，明日將降臨你身上。

一、主管霸凌吃惡果——

遭霸凌者好運調日班，害人者無法調職現世報

這位瀟灑型男是位藥劑師，長得帥，在職場上女生仰慕，男性忌妒。他個性較溫和，被主管刁難時向來逆來順受，一直吞忍，直到被「摧殘」到完全失去自信，他才來找我。

他長期擔任夜班，主管個子矮小，其貌不揚，對方可能因為矮他一個頭，所以把「自卑化為力量」，時常對他出言不遜，做錯一點小事，如藥品沒有排列好，主

管就高昂著腦袋，罵他罵個不停。

「我的痛苦已經到達臨界點了，想死的心都有了。」可以說，他每晚去上班，內心都哭哭啼啼的。

母娘教誨他：「凡行善必有報，凡作惡亦有報。做人最怕抱有惡心，行惡有時可能是一時的，但抱有惡心是長期的，這種報應更大。至於你，只要認真工作，抱有責任心，對主管遵行職場倫理就行。你維持你的正念，冤屈會解除的。」

過了幾個月，型男再來佛堂，氣色和精神好多了，他感謝母娘：「我被調任白天班了，終於遠離之前那位主管。而且，恢復正常生活後，晚上我可以去打球，去約會，和朋友聚餐，一切都轉好了。」

他也納悶問：「子芸師父，為何母娘過了幾個月才幫我？這點想請教母娘。」

母娘一笑：「你就當作是考驗吧，考驗你滿腹委屈了，是否仍尊重那位前主管，是否仍認真工作，是否還抱『一念心』重視職場倫理，盡本分好好工作。」型男恍然大悟，畢恭畢敬回母娘：「母娘當時說的話，我都謹記在心，幸好沒辜負母娘教誨，我之後也當奉行您的教導。日後我若升任主管，不會行霸凌之事。」

母娘微笑點頭，小太子忙不迭地說：「你知道你前主管為何對你這麼不友善嗎？他做夜班已經幾年了，始終無法轉任日班。這是他自找的，他以為沒人注意到他霸凌同事，其實上級主管心知肚明，所以不願意調動他的班。你看，『一念心』的反面案例是不是正好用在他身上呢？」

「一念心」用在好事，自有回報；用在壞事，惡也回其身，時間未到而已。你還敢霸凌人嗎？

二、躲避主管霸凌有代價——
母娘支持他換工作，換來小孩「愛的折騰」

大熱天的，小盧還是穿了一身西裝來，一看就知道是上班族，且心思細膩，現在身上帶手帕的人不多，他一進佛堂，就拿出手帕仔細擦拭臉上頸上的汗水。

他先是往佛堂一拜，又對我鞠躬。我正納悶，他之前陪他母親來過佛堂一次，這次怎自己來了？

他說：「子芸老師，我很痛苦，我的主管處處看我不順眼，工作已經很累，想認真工作更是難上加難，怎麼辦？」

我一聽，又是個被一些內心畸形主管蹂躪的職員。那時景氣確實不好，又加上疫情，更加劇負責各組盈虧的主管心態走鐘。

母娘很乾脆，說：「你想換工作嗎？」小盧點頭，又說：「希望薪水沒有減少，主管善待員工。」母娘點頭：「沒問題，不過，如果換來什麼後果你要自己承擔喔。還有，你要多做善事。」小盧不多想，回說自己明白。道謝一番之後便離去。

不出母娘所料，幾個月後他又上門了。

小盧一臉愁容，「我被另一家公司主管挖角，薪水是過去的兩倍，所以我更努力工作了，也幫公司帶來進帳，可是……」他四處看了一輪，我懂他意思，便請志工們暫時離開。

清場後，小盧說：「可是那主管喜歡上我，我跟他相處之後，兩情相悅。後來呢，我每次跟他出門約會，他總帶著一男一女兩個小孩子，他自己很清閒，孩子都我在帶。」

原來他的那個他是男性。主管的性傾向被前妻發現，離婚後，孩子歸男方。

母娘說：「當時我跟你說過，凡事有兩面，不管你面對哪一面，都逃不過。」

小盧說：「我是孩子王啦，但每次都要我帶小孩，這算什麼約會？連想跟情人牽手、親親抱抱都要找時機，也太麻煩了。」

母娘問：「你有多做善事嗎？你還想跟他繼續下去嗎？」

小盧點頭：「我每個月固定捐款，也真心喜歡他。」

「那麼，接下來的事就靠你自己決定了，我很民主，我不介入。」

小太子一旁笑說：「你約會可以偶而兩人出去，偶而找人在他家帶小孩啊。」

小盧嘆氣：「他不放心啦，覺得我帶最好。」

小太子又笑了：「覺得你好像被利用耶！」

小盧連忙說：「沒這回事，兩情相悅，我們是互相喜歡。」

小太子說：「那你就勸他啦，帶著小孩約會這算什麼啊？我自己是小孩子，都覺得說不過去。」

小盧再來時，是帶著兩位小朋友來的，他這趟看來是有八卦要講。

他說，他之前的主管因為得罪大主管，所以被資遣了，他聽到這消息有「仇者快」的感覺。

小太子比較關心他的「保母」身分，小盧說：「他們爸爸去南部出差，所以由我帶他們幾天。」小太子笑他：「你有黑眼圈了。」小盧很無奈，「晚上還要說睡前故事給他們聽。」兩個孩子很喜歡小盧，黏他黏得很緊，很聽他的話。

小盧對他們也很寵溺，孩子不乖時，臉上完全沒慍色。小太子看到小孩很開心，要我給他們可樂喝。

後來，小盧沒再來，正如母娘所說，要分手還是要繼續，完全看他自己。部分霸凌/被霸凌有因果上的關係，躲得了一時，但那躲掉的一時將換由其他事「後補取代」。

就像小盧甩掉了惡主管，換來孩子「愛的折騰」。我看小盧是離不開他男朋友了，因為那兩個孩子與他很有緣，這是「想愛同結，愛不能離」善的業果相續。

三、小一生也霸凌——不知父親死因只好亂掰，全班笑他很會編故事

霸凌之事自古就有，現在因重視社會現象和教育，所以霸凌成了熱門話題。多數人認為霸凌大多發生在青春期前後的學生身上，但只要是在群體，因「羊群效應」，只要有人帶頭，其他人就跟進霸凌，年紀有趨向更小齡的傾向。「三歲看大」，家長若發現孩子異常，不管是霸凌人或是被霸凌，都該趕緊介入導正。

小壯從幼稚園的某一日，到升上小一，他想盡方法不上學，一下說頭痛、一下說肚子痛、一下是裝睡的人叫不醒，趕著上班的媽媽也只好任他睡覺缺席。鄭媽媽說，兒子小壯還蠻乖的，個性比較內向，自己單親，獨自扶養小壯長大，多虧孩子乖，倒也不算辛苦。就是孩子到了就學年齡，對上課興趣缺缺，甚至厭惡，這令她傷透腦筋。有時小壯勉強去上學，下課回家身上偶而有擦傷或瘀青，課本被亂畫，

問他原因，他什麼都不說。

來林口三寶佛堂時，小壯也是一臉鬱悶，一看就是心事重重。直到小太子跟他說話，小壯才有了笑容。小太子問：「你的同學很壞耶！他們不喜歡你對嗎？」小壯不服氣說：「我才討厭他們咧！」

「每次老師點我起來回答問題，他們就一直偷笑，後來乾脆大笑。我要喝水，他們把我推開，每次都圍著我一直笑，我不想跟他們做同學啦！」小太子問：「你父親是怎麼離開的？」小壯一愣：「我也不知道。」就哇哇哭了。

「每次老師要我們自我介紹，那我不知道爸爸是怎麼走的，有時就說出海打漁就沒再回來，有時候說喝醉倒在路上就死掉了，有時候說他出車禍，有時候說坐飛機掉下來…他們就笑我，說我亂編，還是我有好幾個爸爸都死掉了。」

小壯媽媽當場落淚，「我是看他年紀小，想說以後再跟他說原因，沒想到害了他。小壯，你怎麼沒跟媽媽說？」

我倒是很驚訝小壯的想像力，我想他以後可能是個成功的小說家。小壯繼續說：「他們有時候會故意推我，連女同學都是，走過我旁邊就在我書上亂畫。」

小太子說：「你都亂講，死法都不一樣，只要有一個人笑你，同學們都會跟著笑。」

小壯媽一直在自責。母娘說：「小壯為了這事吃了很多苦頭，他再長大幾年，同學會更欺負他，結果會很糟。因為他們長大後可能成為霸凌者，當年欺負你，你都不反抗，長大後他們會更囂張。小壯媽妳要注意了，現在小壯和妳等於霸凌者的養成人，是時候跟小壯說清楚了。」

因小壯精神萎靡，我幫他做了祭改，改善他的精神狀態，緩解他的情緒，母子兩開心地回家了。

幾個月後，小壯媽回來答謝。她跟班導師溝通後，小壯在全班面前正式說明自己父親的死因。為以前胡亂瞎說道歉，希望全班能體諒，大家好好做同學，不要再排擠他。又說自己只能看父親照片，聽媽媽描述來認識父親。

小壯媽說：「班上有同學聽了還偷偷地哭，從那之後，小壯都乖乖上課。」

母娘說的沒錯，千萬不要任霸凌繼續發生，或認為霸凌沒發生在自己頭上，就不關自己的事，我們的一時忍讓，只會使霸凌者的作為越來越嚴重。

佛教講因果，如果事情發生在我們身上，我們應想辦法改變或對抗霸凌者；如果發生在別人身上，我們就做我們能做的，報警或是通知學校，導正他們的錯誤行為，才有終止霸凌的可能。因果啊因果，你現在不管，有可能這批霸凌者來日欺負的正是我們心愛的孩子。

四、結交惡友被打骨折——

小流氓聚眾下狠手，他中邪每晚甘心找打

宋太太說自己很命苦，老公犯重罪被判刑20年，她一天做兩份工獨自照顧兩個兒子。因沒空陪伴和教導，他們長著長著就長歪了。有朋友說「都是沒爸爸教的關係」，宋太太認為：「有爸爸教可能更慘！」小兒子比較老實乖巧，雖然學歷普通，但後來也找了份工作，每月領薪水還會給媽媽幾千元做孝親費。最令她煩惱的是大兒子。

老大晚上常接到狐群狗黨打來的電話，等白天宋媽媽看到兒子，他臉上身上都傷痕累累，她問怎麼回事，他都不回答。直到有一天，她趁著兒子不注意，偷看他手機裡的影片，才發現他每次晚上被叫出去，都被朋友當沙包打，大家輪流上前拳打腳踢，另一群人在旁哈哈大笑，拿手機錄影。奇怪的是，明知會被揍，他還是乖

乖去會合。宋媽媽認為兒子是不是被人下了什麼符咒？她勸兒子離開那夥人，反而換來他的大吼大叫。

這次宋媽媽無法忍受了，因為大兒子被打到左手骨折，肋骨斷兩根，走路跛腳。她痛心要命。大兒子也發現再這樣下去，遲早小命不保，才乖乖地跟媽媽一起來林口三寶佛堂。小太子看到他全身都是傷，氣的上竄下跳，「這些人太壞了，就喜歡看別人受罪，自己放棄人生，還要逼迫別人也不能活，太可惡了，他們自己不趕快覺醒，下次被人拿著槍口對著腦袋的會是他們自己。」我問我可以看他身上的傷勢嗎？他點點頭。宋媽媽掀開兒子衣服，心疼驚叫：「怎麼瘀青轉黑色了！」

小太子說：「壞東西趁你兒子現在身體弱，趁虛而入。」

「怎麼辦？請子芸師父幫幫我兒子，把壞東西趕走。」宋媽媽一臉不捨，摸著兒子的瘀傷，「他們這夥人知道我們家在哪裏，如果我兒子不赴約，他們一定會找上門。師父，我可以去報警嗎？」

「報警沒用，他們會來盯哨。」大兒子說。

「你其實早就想離開那群人了，對不對？」我看出他的眼神很無奈。

「沒有人想被揍，可是電話一響，心就好像被魔勾走，非跟他們出去不可。」

「那你怎麼不躲開他們？你怎麼這麼笨！」宋媽媽氣呼呼地。

「我覺得我被控制了，就是想跟他們出去鬼混。上次小弟出車禍也是他們搞的鬼，他們說，如果我不理他們，小弟就完蛋。」

大哥處於兩種困境，一是被邪魔入侵身心的混混控制，二是擔心弟弟受傷害。宋媽媽意識到大兒子是為弟弟著想，抱著他哭起來。對付這些人，母娘有她的「兵法」——「硬事軟辦」，時間拉久了，這群壞孩子可能自己起內鬨，做鳥獸散，或是被其他黑道團體教訓，分崩離析。總之，各有各的果，各自慢慢吃吧。

母娘交代，先換掉手機號碼，搬去南部暫住，必須斷掉和那些人的聯絡。

接著，母娘要宋媽媽下次帶幾件大兒子的衣服來蓋上寶印，這些天就穿這幾件衣服，趕走自己身上的壞東西，並使對方的邪惡魔心遠離。就這樣，大兒子在南部住上了半年，還學到了基本木工手藝，有了一技之長。回台北時他還戰戰兢兢的，深怕遇到那些人。後來他自己導正了心思，「台北就這麼大，遲早會碰到面，如果再對我不利，我就報警，我會讓他們知道，我們根本就不是同路人。」

霸凌是極其可惡的行為，傷人身，毀人心，身體的痛或許能忍，但身敗名裂足已令人尋死。要知道，霸凌者，這一生絕無貴人。別人遇人是相見歡，人家見你卻都繞路走。霸凌者的好運全都消耗殆盡，這一生會在大小厄運中渡過，來世再繼續。比如問路這種小事，路人故意告知你反方向，你可能因此錯過重要大事，如見不到即將過世的家人。大雨中叫不到車約會遲到，女友生氣跟人跑了。玩水溺水，爬山骨折，走路摔跤，換自己被揍。應徵面試搞錯地點時間，機會擦身而過。錯過高價買來演唱會的前半段演出。工作時被其他霸凌者天天整治你，簡直像一連串的詛咒。天道好輪迴，蒼天饒過誰。別以為這世因，來世才會嘗到果，現世報你可逃不了。

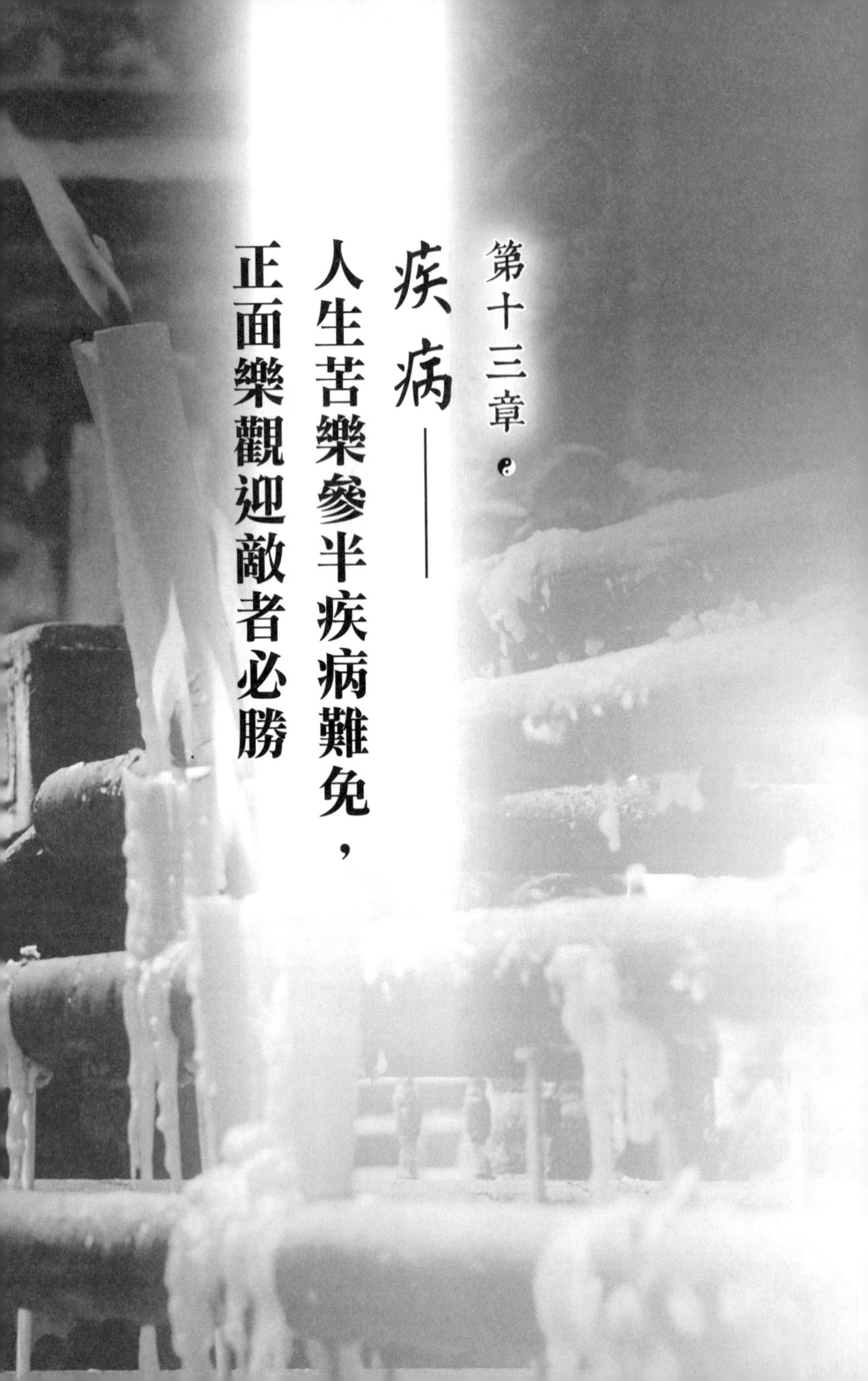

第十三章

疾病——人生苦樂參半疾病難免，正面樂觀迎敵者必勝

第十三章

疾病——人生苦樂參半疾病難免，正面樂觀迎敵者必勝

凡是生物，避不開生老病死；凡是人類，常為疾病所苦。多少有功德大和尚，與疾病纏鬥多年，未見痊癒，而當面臨疾病即將帶走性命時，藥石枉然。一般人生重病罹癌，散盡家產救治，仍在家人盼望好轉時離世。可見，疾病是生命中避不開的必然考驗。佛說三因果，疾病或者是前世所造之業導致。上輩子如何造業，這輩子就受多少折騰。生病是無常，但在果報輪轉下，無常是一種必然。

若要來世少病少痛，那就今生多為善。你說下輩子的我健康與否，與現在的我何干？但和現在的你有關啊！你做善事，每天笑嘻嘻，心情開朗，對誰都好聲好氣，自然感染了身邊的人。尤其全家因你的健康而幸福開心，病魔看了都慚愧退卻，不

再打擾。你說是不是！

雖然有的病痛終究帶人走向死亡，但生命隨因果流轉往復，人的所思、所行、所言，都影響生命流程。所以，有的人走得倉惶恐懼，不知何去何從；有的人睡夢中離開，了然放下一切，平心靜氣往赴下一旅程。我看過為病而來的信眾無數，各自有各自的業。深覺若此生盡力為善，行所當行，重病者可有延壽希望。反之，大腦空空、心腸黑黑，老是做不應該做的事，菩薩何必繼續留你在人間？

一、兒罹癌母請願延壽——

母娘不捨賜予三月，母願終得報

宋太太的先生曾任警界高官，不幸於數年前過世，這對深愛丈夫的宋太太打擊很大，怎知，幾年後，也在警界任職的兒子身體不適，前往醫院檢查竟也是罹癌，且胃癌第四期。醫生深知餘命只剩數個月，建議採取保守治療，希望病人能最大限度減少痛苦。

宋太太得朋友建議，前來林口三寶佛堂。母娘也預告小宋警官大限即將來到。宋太太淚訴，他的警官兒子破過不少案件，家中獎章無數，深得長官欣賞。「他跟他父親一樣優秀，怎會好人沒好報，這麼早就要離開？」淚訴兒子現在癌細胞擴散到腦部，有時會在病房大吼大叫，說祖先要來接他了。有時對著牆壁喊要去警局報到。

宋太太拜託母娘，是否可以為她兒子延壽一段時間，容她先與兒子把家裡的事都處理妥當，再無憂離世。母娘考慮良久，待小太子出門查訪，發現宋警官確實從不怠職，非常優秀。但延壽一事非同小可，尚須細細琢磨。

我勸宋太太不如請求醫師先為宋警官進行較積極的治療，同時，趁他神智仍清楚，與她和兒媳討論好財產分配事宜。因宋警官名下兩棟房子都由父母支付頭期款，宋太太不免擔心媳婦若改嫁，也將帶屋走人。但沒想到，宋太太和媳婦說開之後，發現自己的擔心是多餘的。媳婦表明，她對家中財產並無多想。而且，丈夫仍重病，她若現在就在想改嫁一事，未免太荒唐！她承諾婆婆未來不爭奪遺產，表示丈夫能在家人關愛下離開，才是最重要的事。

宋太太這才驚覺自己是小人之心度君子之腹，在這緊要關頭，竟然忘記媳婦一直以來對自己非常孝順，回婆家時總是大包小包，對婆婆很有敬愛之心。現在，媳婦對她仍親如母親。婆媳兩人又是感動又是難過，一起抱頭痛哭。

母娘此時也被兩人真摯的婆媳之情打動，答應在參考宋太太的兒子果報業力下，盡可能為其延壽三個月。兒子趁身體還能撐著之時立下遺囑，房產和財產公平分配給母親、老婆和子女。再加上其他一切事務處理妥當後，宋太太將兒子送進安寧病房，每天和媳婦一起進病房看護，再數日後，兒子在睡夢中撒手人寰，平靜離世。

宋太太前來佛堂感謝母娘：「我丈夫是5月15號走的，兒子在5月16號離開，走的很安詳。我想這也是他父親的期望，希望父子倆在相近時間離開，他們在天上重聚，我們在世的也可以連同他們父子倆一起祭拜。祭拜他們的淒涼感總算是減少了一點。我覺得這件事對我們全家很有意義。」

母娘極少應允「延壽」一事，此事牽涉極大，也跟是否違背病人和家人各自與彼此的三因果有關。我們常人以為拜神拜佛可如願，但也要看自己的人間修行有幾分。宋警官盡忠職守，再考量他父親亦曾在警界赴湯蹈火服務，幾番思量下，才同意所求。我認為，同娘同意「延壽」，是我們做人處事都以善根為本的模範。

二、罹患直腸癌卻不自知——同事拉她來佛堂，母娘要她火速就醫

小莉在一家公司工作超過20年，一步步往上爬終於位居要津。每回下班時間，她都要一再確認「今日事今日畢，明日事怎處理」的工作守則，才最後一個離開辦公室。同事看她每天這樣戰戰兢兢工作，不放過自己，擔心她不是身體出狀況，就是遲早得強迫症。有一天假日，同事拉著她坐上車，就要直奔林口三寶佛堂。小莉百般抗拒說：「我沒事去佛堂打坐幹嘛？我人好好的也不用拜拜啊！」同事才不理她，油門踩下去，沒得商量。

她們一到，我感到氣場不對。同事不好意思說：「子芸老師，我們沒什麼大事要問啦，只是想說來禪修，同事順道來參觀一下佛堂。」我聽見小莉低聲說：「這裡不像是什麼佛堂啊？」我笑笑的沒多說什麼，請她們想參觀就自便。

不到幾秒鐘，我腦子裡的警報聲響起，那是太子五分駕了。發生大事，太子才會這麼急！我板著臉說：「別參觀了，今天是星期六，大型醫院應該還有門診，母娘和小太子說小莉你有『刀關』，要趕快去看醫生。」這種對信眾來說是驚恐的訊息，通常我都坐下來慢慢說，以免信眾當場昏倒。但這次不一樣，狀況很急，搶時間哪！必須立刻告知。

小莉卻一臉不服氣：「拜託喔！我剛才出門前還做了一堆家事，做完家事還繼續計畫下禮拜公務要如何處理，精力好的跟蠻牛一樣，哪裏要看醫生？」她還故作不好意思笑笑說：「子芸老師，我吼，向來精力旺盛，昨晚我還嫌棄我老公體力差耶！」我才不管她晚上多會滾床單，立刻打開門把小莉和她同事推出門去，一邊關上門一邊說：「快去大醫院，現在！馬上！」

幾天後報告出爐，直腸癌第三期，醫生要她立刻開刀。小莉先是大吃驚，接著心悅誠服，乖乖來佛堂問我意見，「老師，就要過年了，我現在超忙的。可以過完年再去開刀嗎？」我問她：「妳覺得命重要，還是工作重要？」她當時還不相信有這麼嚴重，我低下頭聽小太子叨叨唸：「欸！指數很高了喔，妳還在那邊討價還價。」小莉低下頭嘆氣說：「好啦！我等下就跟醫生訂開刀時間。」

醫生以她的病灶判斷，建議以「達文西機械手臂手術」動刀最合適，復原時間快，合乎小莉想盡快上班的訴求（真不能說小莉是社畜，她是公司棟樑）。醫生說自費三十多萬，這下，她又在傳統開刀和達文西之間猶豫了。常跑醫院的小太子嚷嚷：「達文西！達文西！」小莉也乾脆，雙手一拍說：「好！就達文西！」

「可是，母娘和小太子都認識達文西嗎？他是義大利人耶！」小莉說。

「你別鬧了！趕快去連絡主治醫生。」小莉還在搞笑，轉眼就被我推出門外。

手術結果非常順利，腫瘤順利移除，小莉正如自己所說「精力旺盛」，手術隔天她起身打坐，「一點都沒痛感，醫生到底幫我開刀了沒？」再靜養幾天後，她迫不急待加緊出院，隔天就回公司上班了。更神奇的是，當時「達文西」屬自費醫療，健保並不給付。恰巧就在小莉動完手術後不久納入健保，且因時間相近，小莉不需自付30多萬了。

目前小莉仍需服藥，因服用該款藥物的副作用是手部轉黑，有女性患者非常介意這一點，常常隱瞞醫生自行停藥。我盯小莉盯得很緊，一定要她正常服藥。

母娘慈悲心，對健康非常看重，因為不健康身體痛苦，大半的人生意義就在痛苦中失去。幸好小莉沒有辜負母娘用心趕緊就醫，若拖延下去，恐怕沒命。通過這例子，後來信眾來問事，如果母娘和小太子發現信眾身體不妥，我不顧「信眾不問，我不能說」的規矩立即告知。並且「火速快遞」，請他們哪邊醫院最近哪邊去。試問，身邊有多少人能看出我們身上的問題呢？身為良師益友的母娘和小太子都告知問題所在了，我們應上緊發條，快馬加鞭才是啊！

三、本來人沒事一刀致癱瘓——母娘慈悲令做三天法會，董事長能言語行走

某家大公司蔣董事長耳朵邊長了一顆瘤，他自己不在意，認為不需要理會，但老婆不放心，再三要求老公開刀，把瘤割去並化驗才安全，蔣董只好照做。瘤是切掉了，但不知道手術刀割傷了哪根神經，手術結束許久，人都沒醒來，醫院發出病危通知。家屬十分傷心，準備帶父親回家，送他最後一程。但幾位醫師聯合會診後，建議還是留在醫院治療，應有復原機會。後來蔣董醒了，卻癱瘓了。

董事長夫人很自責，幾度心痛到想撞牆，兒女也憾恨自己沒多關心父親一點。幸好父親人還在，即使行動不便，不能言語，已是家人們最大的安慰。他們希望老爸健在，好讓自己多盡點孝心。董事長夫人對我說：「子芸師父，我老公才50多歲，他還年輕，人生不能這樣就結束了，他還想繼續打拼，請師父盡力幫他好嗎？這也

是孩子們的心願。」

蔣董一家原本是林口三寶佛堂資深信眾，這次除了行動不便的蔣董沒到，其他家人整整齊齊全到場，他們在佛前下跪發大願，希望改善父親目前狀況。母娘指示，做三天三夜佛事，專為蔣董開壇立案焚香，以「慈悲三昧水懺大法會」以及「藥師寶懺」助蔣董消災解厄延壽。這是大工程，祝文、牒文都要準備妥當，法師和信眾要先淨身，連續三天午後一點不進食，只能飲水。整個法會過程是體力的挑戰，也是對佛法堅定信仰的考驗。

三天佛事結束，法師、我、蔣董全家疲累不堪，卻有達成使命後的喜悅，我們靜待蔣董逐漸好轉的好消息。不久，董事長意識更加清楚，開始勉力舉起手對著家人試圖言語。夫人說：「他意志力十分堅強，要他安靜多休息，他還不高興，會自己練習說話，握拳練肌力。」同時，蔣董努力做復健。一段時間後，整體跟之前相較起來，簡直判若兩人。現在，三年過去，蔣董不只已能說出完整字句，靠著步行器還能自行走路。

他們全家來感謝母娘時，我心裡滿滿感動，母娘和小太子的確給予了幫助，但要不是董事長家人的團結和不離不棄，即使續命了，或許他今日只能臥床。最怕的就是腦袋清楚，身體卻不能動彈，豈不悽慘。

我更有感觸的是，幸好董事長個性很開朗，不糾結已經無法挽回的事，既不埋怨老婆強令他動手術，也不為了現在的行動不便而終日眉頭鬱結，他勤於復健的努力，醫生都說要頒獎給他。更重要的是，白手起家的蔣董常做善事，捐錢資助原住民學生，捐電腦供他們拉近和城市學生的學習距離。開朗的心，行善的行為就是對自己的加持，這印證了我常說的一句話：「自己才是自己最有力的護持。」

至今，他全家六口人更加心誠意堅，整年護持林口三寶佛堂的佛事，並持續蔣董好善的心，資助更多需要幫助的弱勢團體。

四、頻解黑便紅血球猛掉——

母娘以現行犯逮捕，五萬元膠囊吞下找到病根

年約40歲的葉小姐從南部北上，搭了高鐵又轉公車，一路到林口三寶佛堂已經疲累不堪。她說是朋友介紹來此的，此行為了紅血球已經掉到命危的哥哥而來。

小太子問：「是一直解黑便嗎？那是腸子有問題喔。」葉小姐用力點頭說是。「我哥已做了幾次手術，但都找不到腸子是哪一段出血，他現在還是一直解黑便，醫生都束手無策了。」

我開佛堂幫人問事以來，遇到為家人生病而來的不少，但通常不是為了夫妻之間、就是父母、子女，彼此血緣很深的信眾。為了手足前來的也有，最遠距離是中部上台北。像葉小姐這麼有心，遠從屏東而來的還真的不多見。可見他們兄妹手足情深，這點令我很感動。

葉小姐說，最近醫生還會再為哥哥動一次刀，因為之前手術都沒找到位置，這次手術範圍會比較廣，她很擔心哥哥身體撐不過來，「我之前有個朋友也是因為解黑便、內出血，虛弱到快死掉，腦袋都快不清醒了，半夜朋友趕來送他就醫，輸了幾袋血漿人才醒過來。」她好怕失去哥哥，她說，從小哥哥就是她的玩伴，長大一點是她的守護者，「我交的男朋友要先過他這一關。」

葉小姐的哥哥今年才40幾歲，孩子還小，仍需要大人照顧，「哥哥如果不在，我不知道侄子們要怎麼辦？而且最小的侄子才8歲，人都說爸爸是兒子的榜樣，如果這麼早就失去父親，往後他會不會變壞？心靈會不會受創？我們都擔心死了。」孩子可憐，病人痛苦難受，「我哥每天都要吊點滴，再從點滴裡注入藥物，他常常亂動，針頭脫落，護理師要重新幫他放入針頭，他瘦到連血管都很難找到了，每次扎針都要扎幾次才成功，我看了都好痛。」

母娘說：「一直開刀不是辦法，如果位置正確，再開一次刀也無妨，妳可以再問醫生，可以用自費的方式更精準找到病灶嗎？」葉小姐回醫院請教了醫生，才知道有一種膠囊自費需5萬元，吞入膠囊後，再以儀器測試到可能的出血部位，截斷傷處後再連接起來，成功性很高。原來，這個找出出血點的方法，醫生已經跟葉媽媽提起過，只是老人家記性不好，心情又慌亂，完全忘了這件事。

葉小姐主動跟醫生提起以吞膠囊方式找病根，同時，我為葉小姐的哥哥設案求菩薩解厄消災，依照他的果報願力焚香求我佛慈悲。開完刀後幾日，哥哥終於不再解黑便，臉色也紅潤起來。住院再一段時間，人長出一些肉，不再弱不禁風，醫生同意可以出院了。

母娘笑說：「這不等於現行犯逮捕嗎？一顆膠囊抵得過幾次挨刀。」我跟葉小姐轉達母娘之意，她立刻掉淚向母娘跪拜。好心的母娘提醒，他們住在屏東，實在太遠，往返不方便，建議還是要在哥哥的衣服上蓋上三寶印，短時間內可以不需再回三寶佛堂，也能力保他健康平安。葉小姐轉啼為笑說：「有啦！我有帶衣服來。」

她拿出三件衣服，我說：「一件就夠了。」但她不依，「拜託子芸師父，幫我哥蓋三件，母娘圍繞保佑。」這個妹妹太有心了，我只好連蓋三次，滿足她的心願。

說到這案例，同一父母所出的兄弟姊妹，感情不好、互相不理睬、為了一點小事一輩子形同陌路的不少。要不是葉小姐和哥哥感情很深，才會不辭勞苦到林口三寶佛堂為哥哥問事。如果今天生病的是妹妹，哥哥也一定會為她到處尋醫求佛。相反地，如果這對兄妹互看不順眼，不顧彼此是血親，誰都不理誰，任兩個其中一個生了重病，另一位也不在乎吧。

在茫茫人海中，今生要成為手足是多麼不容易的事，要積累多少世的緣分才能成就？如果我們跟兄弟姊妹產生不愉快，還是看在手足情份上，盡快解開，重修舊好才是。感情好，人就喜悅，喜悅就是福報。

第十四章

不要不信邪——磁場能量降低，難擋陰體來訪，母娘有解

第十四章

不要不信邪——磁場能量降低，難擋陰體來訪，母娘有解

有些人很鐵齒，對「卡到陰」說法完全不信，表示自己「不信邪」。

「被鬼纏身」是落伍的想法，「人都走了，魂都散了，哪裏還有陰？」

對於這些說法我完全可以理解。但是，從科學角度上來說，這世界、這宇宙並非只有我們目前存在的時空。量子力學就說明了，時空之外、宇宙之外還有平行的其他時空和宇宙。你以為房中只有你，其實，其他魂魄存在的時空不也與你平行，簡單來說，與你共存呢？

只是，人分別有各自的能量、磁場、信念、因果，只要「指數」都正常，是否

與陰體共存，也無影響，而是當一個人的能量低落使得磁場改變，再加上信念與因果關係，「卡到陰」是很常見的事。要我說，「卡到陰」是一場又一場「我們不想要的奇特相遇」，只要以正確的方法，有足夠的信念，這場奇特的相遇隨即各分各路。若下次再相遇，以同樣的方式請他遠離就好。想像一下，這就像你在街上遇到不想碰到的人，躲開之後，怎知下個路口又遇上他。莫驚莫怕，再轉個方向走，你就腳步輕快多了。

一、早產兒卡到陰——幼兒帶仇恨出生，宮廟主不敢看親生兒

有些宮廟主遇到自己都難解的問題，選擇以跑其他宮廟、佛堂，以參考其他師父的見解來解決困境。這對夫妻前來，毫不掩飾說明自己也開宮廟，現在兒子卡到

陰，他們自己解不開，也跑了其他宮廟，但還是無解，不知該如何是好。

他們幾個月前產下新生兒，卻是六個月早產兒，要靠保溫箱以及儀器監測，醫護時時關心才能存活。當時醫生就建議，六個月早產兒很難存活，孩子又有天生疾病和發育不良，要開幾次刀才有復原可能，並含蓄表示，是否放棄救治比較好。

但媽媽怎捨得放手，立刻說要救，非救不可，婆婆也表示不捨得孫子離世。但一問到父親意見，他面有難色，原因是：「我不敢看他的臉，小孩子的眼神很奇怪，我跟他對上眼神，那不是嬰兒的眼神，好可怕。」他搖頭：「不要救了！」

本著救人使命，醫生還是在幾個月後幫孩子開刀，都只足六個月就出生，還要挨這麼多刀，且不一定保命。爸爸想到就很恐懼，恐懼的不是失去孩子，而是「那不是我的孩子！」

這位新手爸爸跟老婆勸說：「這麼小的孩子張開眼時也只是瞇著眼睛吧！他卻

定睛看我，可是我看到的不是嬰兒的臉。我一看就知道，他是卡到陰，這麼小就遭遇這種事，很難處理，也表示他天生帶著上輩子的冤債或惡靈來到這世上，要不然怎麼這麼急忙就出生呢？」老婆聽了也感到後怕，兩夫妻於是展開宮廟佛堂巡迴之旅。

他們的困境，小太子覺得很棘手，「這麼小的孩子配上老陰魂，這怎麼處理？」不等祂出手，瑤池金母親自下凡說明了：「別再開刀了，這是他的命。兒孫自有兒孫福，與其一直擔心他挨刀，又不知道是否能順利成長，不如祝福他，你們都放下情執，要釋懷，如果不得已，就放手吧！」母娘點頭稱是：「這應該是最適當的方法了，其實醫生每次為他動手術都心驚膽戰，眼前問題太多，怎麼解決，一切只能看這孩子自己的業報了。」

我不知道這對夫妻是否又到其他宮廟、佛堂求子平安或選擇放手。我認同瑤池金母的「祝福他」一說。如果孩子這麼小就疑難雜症這麼多，設想他長大後能如其他正常孩子過上健康幸福的日子嗎?用盡醫學方式為他奄奄一息的生命續命，吃盡苦頭，這算是「慈悲」嗎?更何況，才幾個月大就卡到陰，誰聽了都傷腦筋。看著瑤池金母和母娘慈悲的光輝，我只能在心中默默祝福他們，做下最適當的決定。

二、不顧勸阻直到長出大腫瘤——看不開放不下，卡到陰不奇怪

對於不要不信邪這事，我會建議寧可信其有。我們有位姓鍾的資深信徒，她很喜歡到我們佛堂，每個月都有一、兩天要爬四層樓梯，氣喘吁吁也要來敬拜一下母娘和小太子。

她常常說：「雖然我離婚了，但我充滿法喜，一個人也可以過得很不錯，子女

又孝順。」我聽到她的老生常談，只能笑笑附和。因為兩個月前我就告訴她，小太子看到她腹部長了個腫瘤，要快去看醫生，以免是惡性腫瘤。但說也奇怪，她一見到小太子就滿心歡喜，卻不聽他的話，難道真的把小太子當小孩子看待？

這天我終於忍不住問她，到底去看醫生沒，她反而說是自己心寬體胖，所以肚子大大的，被誤以為是腫瘤。過去我也覺得「人各有命，多說無益」，但現在我認為「好壞看自己，不要太鐵齒」。我殘忍地說：「鍾媽媽，其實妳根本沒放下，放下的話就不會老是往我們佛堂跑，妳是來找安慰，妳心靈很脆弱，就像快要斷掉的乾枯樹枝，隨時都有危險。」她聽了一愣，低頭沒說話。

「像妳這種心神不寧，又自我安慰以為沒事的狀況叫做三心兩意，最容易卡到陰了，小太子都跟妳提點了，妳為何不聽呢？」我發現她因為長腫瘤，可能影響到淋巴，臉頰明顯鼓起來，她還自認是福氣滿滿，臉蛋圓圓。

經我苦心勸告之後，她終於等我幫另兩位信眾問事結束之後，請母娘為她先做簡易的祭改，再立即去醫院。果然，她的子宮長了7公分的腫瘤，立即安排動刀時間切除。

她痊癒後，來三寶佛堂說明情況：「醫生說，幸好我已經停經，不然這經血一流就停不了，而且化驗之後證實是良性腫瘤，謝謝小太子和子芸老師。不過，老師為什麼不再提醒我一遍呢？」我說：「那時候妳強裝快樂，我再重複告知也沒用，後來看腫瘤越長越大，那個纏著妳的陰體非出去不可，才兇巴巴提醒妳，請妳不要在意啊。」

但我不說不痛快：「就跟妳說過嘛，不要不信邪，寧可信其有；不怕妳不信，只怕妳碰到。是不是都被我說中了？」她樂呵呵地點頭，我看穿她的心思，那確實不再是三心兩意，而是真正放下離婚之苦的笑容。我也要謝謝小太子，除掉那藉由腫瘤壯大的陰體，要不然，我可能無法再聽到鍾太太如雷貫耳真心的笑聲了。

三、卡到陰的繭居族——每日兩包菸如煙囪，媽媽張羅三餐，不滿意就鬼叫

簡先生從事焊接工作，十幾年前因燃料漏氣著火，他的身體有不少面積灼傷。原本治療妥當就可以外出繼續工作，但他似乎被什麼無形的鐵鍊拴住，就是不肯走出房間，終日打電動。把自己當煙囪，每天不抽兩包菸就不爽，整間房子的所有東西都染上了焦油。三餐都要跟媽媽預定，可以叫外送的就請人送餐，不然簡媽媽就要為了滿足兒子食欲四處買東西。一把年紀還要為兒子操勞，簡媽媽嘆氣說：「我好命苦。」

得知此事後，我先是請示母娘意見，我心中有腹案之後，請簡媽媽這次無論如何都要帶兒子來林口三寶佛堂。神奇的是，兒子竟然答應了。他來時神情緊張，囁嚅著我聽不懂的話語，因為除了點餐之外太久沒和人說話，他已經說不出一句正常的句子。

我先是為他設案做祭改，穩定他的身心狀況，持咒為他清淨全身。並提醒下個月要再來，如「回診」一樣，效果才能持續。簡媽媽一直稱謝，照慣例拿出兒子的衣服要我蓋三寶印。我說：「千萬不行！不乾淨的東西還沒離開，三寶印會惹毛它，這樣它會藉由妳兒子的嘴，把妳罵得遍體鱗傷喔！」

許多信眾都有誤解，以為三寶印無所不能，它確實無所不能，但使用必須看準時機，使用不當，會產生反噬作用，尤其是對家人。比如，身邊人心若不誠有猶豫心，不潔之物又會趁虛而入，被激起怒意之後，陰體甚至攻擊我們身邊的人。有些宮廟不管三七二十一，衣服抓來就蓋章、蓋章，這種理解是錯誤的。

回到簡媽媽的兒子，十多年前他就受了傷，原本是輕傷卻因為他意志力薄弱，使不潔之物趁機進入其身。這種靈用心很壞，它使兒子產生自毀之心，再因兒子自毀，母親受不了可能受重病或想不開，就這樣結束一個家庭在世間的存在。簡直像電影中的大反派，非滅掉它不可。

四、瀕死病人說再見——

護理師醫院奇遇，排夜班成惡夢

護理師不是好幹的工作，要有愛心、耐心，現在證實還要有一顆不怕阿飄的心。小王是資深護理師，當初念護理系培養專業技能，是因為小時候看了南丁格爾的傳記，自此立志當護理師，把照顧病患當作使命。

小王是特殊體質，時常到林口三寶佛堂靜心，用她的話說：「我照顧病人，母娘照顧我。」她在醫院時常有奇特經驗，旁邊明明沒人，卻有人她耳邊嘆氣，或是說「謝謝妳！」這都還好，麻煩的是，護理師必須輪夜班，有時候一排兩週，有時一排一個月。專業也膽大的小王都受不了了，「半夜生重病的病人有時呼吸不過來，我必須專注地察看他們的呼吸狀況，更換不同的氧氣罩。或是通知值班醫師來緊急插管，搶命的壓力很大，看病人離開心裡更是難受。」

說到這，小王過了半晌才說：「上次我看到一位老伯伯呼吸困難，臉色都已經轉青，我說『阿伯，你要撐下去啊』。他明明早已無法說話，我卻聽到很清晰的聲音說『再見了！』我嚇壞了，我看向阿伯，那一瞬間根本不是他的臉。」最恐怖的經驗是，「有位病人的呼吸器一直故障，我進病房幫他調整，難免和病患對到眼神。那一刻我發現，這眼神根本不屬於這位病人，而是其他人或靈體。那眼神很明亮，但給人陰森，不懷好意的感覺。我心裡就有預感，這位病人大限要到了。我也知道，我又被卡到了。」

醫院也變成了「恐怖屋」，小王說：「我特別不敢去醫院放置病人衣服和床具床枕套的房間，我一直覺得有人跟著我。尤其晚班護理師人數很少，如果我當場嚇暈了，病人有狀況找不到我怎麼辦？」不過，她確實很稱職，她說雖然不免感到害怕，但她更擔心自己因為害怕而分心，耽誤她照顧病人。

小王在來三寶佛堂之前就被家人帶著跑遍各宮廟，她知道自己是特殊體質，容易被不好的陰體覬覦上身。她向來也很虔誠禮佛，但就是無法解決問題。我提議她來祭改，並帶衣服來蓋三寶印，以母娘的黑令旗在她頭上念咒揮旗，以驅邪固心，保護她好好工作。她回去後精神就好多了，值夜班也不是苦差事了。只是，視個人情況，每隔兩、三個月，小王必須再返佛堂祭改「維護」。

每當恐怖片劇情重演時，小王立刻預約來佛堂報到。有一次，她提出一個問題：

「師父，為什麼母娘無法幫我一勞永逸？」

「小王，病人看過醫生、開過刀、吃了藥，就會完全康復嗎？」

「有的是，不過，我遇過很多老病號，醫院進進出出好多次，出院人好好的，過陣子病發又回來住院。」

「那就對了，就像感冒吃感冒藥，不流鼻涕不咳嗽了，可不保證下一次不再感冒。妳這種情況就像老病號，無法一次就根治。」

「原來如此。」

我也提醒她，觀看病人的表情和眼神可以發覺病人的目前病況，這無法避免，但只要有母娘保護，而她與病人或陰體無親屬關係，可穿蓋三寶印服裝，這糾纏的靈就不會趨之不散，「只是露出馬腳被妳看到而已，不用過於擔心。」

五、開刀命喪手術台——死者不甘頻出現手術室，醫師幾近崩潰來求助

世界上有無神秘現象，已不是誰說了算的問題，而是它確實發生，即使高學歷，視救人行醫為職責的醫生都遇過恐物怪事。這是他們的親身經歷，說起來恐懼萬分，而且還是發生在手術室，令何醫師深感困擾，因為已經影響到他操刀動手術了。他說：「以前我認為科學不能驗證的事，我絕對不信，但在生死存亡的醫院待了多年，有些事不得我不信。」

何醫師是肝膽腸胃科外科醫師，他感嘆說：「救人的是手術刀，使人失去生命的也是手術刀。」他時常進行摘除腫瘤手術，這是病人求生意志力的考驗，也是醫生技術和精神上的考驗。他說：「動過這麼多台手術，我自信操刀技術不輸其他醫生，但醫生也是在跟時間競賽，有的病人不免還是死在手術台上，這對醫生是很大的打擊，我們也對逝者深感抱歉。所以，每次開刀我都全力以赴。」

最近他動手術，才為病人開腹，原本專心一意的他竟然在病人臉上看到帶著滿滿怨恨、眼睛青黑的面孔，「手術室裡很冷，我當場打了寒顫，手術刀差點沒拿穩掉下來。」手術刀若掉落，這可是外科醫師的奇恥大辱。幸好這台手術順利完成，病人也痊癒出院。在病人的感謝之下，何醫師幾乎已經忘記在手術房裡所見的那張臉，猜想自己是不是過於疲憊而產生幻覺。

怎知幾日後動一台手術時，他又在病人臉上看到那張無比怨恨眼神的黑臉。他這次較為冷靜，把對方看清楚之後，鎮定動刀，完成手術。術後他沒趕著回去休息，而是打開電腦一一瀏覽過去他主治過的病人，發現一位已過世的病人和那張臉孔長得極為相似。他這才想起，該病人當時太晚發現罹癌，在摘除腫瘤後不久因癌細胞擴散宣告不治。何醫師認為這位亡者在手術室徘徊不去，是不甘心自己就這麼死了，不情願離開。

此時小太子說：「我查過了，你救過很多病人耶，這位亡靈不應該怪罪在你頭上，你已經盡力了，我會請我媽幫你想辦法。」我立刻設壇為他作祭改，並轉達母娘對陰體的善意：「生死有命，今日你離去，家人萬般不捨，更不是為你主刀的醫生所樂見的。你應該憑著當時在急難下他都願意冒險幫你開刀的勇氣，不要再打擾他，他才能安心去救治更多病人，這將會是你的福報。既然已殊途，你就走向你自己的路吧，我會盡力幫助你的。」

何醫師連聲道謝，但也擔心，畢竟醫院也算是是陰陽交會之地，如果再發生類似的事，他很怕自己會撐不住。我提醒他：「會被盯上的，不是體質特殊，就是心存恐懼。對於救治不來的病人，你但求盡力，不留遺憾就是。另外，若再遇亡靈故意與你對視，你千萬不要遂他意去注視他雙眼。他若要再引起你注意，會特意走過你身邊，讓你頓時全身發涼，你只要都不做出反應，不帶任何情緒，它覺得你很無趣，就不會再來找你了。」

「原來這還是意志力的較量，精神上的戰鬥。」

「是的，病人直著進去，橫著離開，臨死時身心受到的傷害與恐懼，像『生龜脫殼』受剝離之苦，更何況人的死亡是地、水、風、火，四大分離，椎心刺骨都比不上的劇痛。」

何醫師認真聆聽點頭，還說回醫院有空時要查一下我所言的『四大分離』是什麼意思。預約下次再回來祭改時間後，他元氣滿滿說：「我要去看診了，我會記住母娘和子芸老師所說，不理會它便是。」

這裡解釋何謂「四大分離」。人要離世之時，代表骨骼的「地」、代表血液、體液的「水」、代表體溫的「火」，以及代表呼吸和生命狀態的「風」，都會出現反常現象：身體僵硬不能動彈、身上水分溢出身體、體溫下降、呼吸困難，就是「四大分離」。想想，這該有多痛呢？我們無法怪罪那些離世的病人不甘願，我們只能感同身受為他們祈福，幫助他們成功到達彼岸；感同身受幫助我們的人間菩薩——醫護人員擺脫被卡陰的困擾。

六、上校夢中亡靈騷擾——小太子解疑，原是那把黑傘作怪

在軍隊、警界等單位，上下階層分隔嚴明，星星或槓數越多的說話不需大聲，因為長官不怒自威，下屬唯命是從。但是，再大的官也需要睡眠，現實生活中大官管不到的阿飄會不請自來入夢。這時，夢境是溫馨或可怕，高官也指揮不了。

這位上校來佛堂，他覺得很不好意思，身居上校還來佛堂、宮廟之處，他說：「人說國徽可以避邪，警察同志帽子上的鴿子可以鎮魂，我是軍人還來問事，被人知道的話，叫我臉往哪裏放？」上校夫人才不理老公的面子，拍他頭就對我說：「我已經勸他很久了，叫他來找子芸老師，問題就可以解決。」我轉頭看向上校，他說明來意。

「最近我忙著處理演習的事，公務很多，我乾脆就在軍營過夜。我有自己的床鋪，已經睡得很習慣了，最近卻常常夢到我的一位老長官，我是不怕啦，但就感到奇怪，他不去別人夢裡，老是來找我到底是為什麼？還是說他有冤屈要我幫忙處理？」

「沒有！你的長官沒有冤屈，他只是要提醒你一件事。」小太子笑咪咪說道。

「提醒我演習要小心？還是要小心家裡的母老虎？」上校一臉認真不像在開玩笑，卻遭夫人狠狠瞪了一眼。

「咳，請不要搞笑！小太子問說，你軍營房間裡是不是有公務櫃，兩個櫃子背對背，比較靠牆的那個櫃子還有空間可以存放雜物？」

上校點頭說是。

「母娘說，你回軍營時去看一看，櫃子後面是不是有一把黑傘，你的長官提醒你移走那把黑傘。」

上校一回軍營，就衝回自己房間，果然有把黑傘以傘柄掛在櫃子上，他想了半天，才想起是他的某位老長官之前因心臟病離世，告別式時他送別老長官用的那把黑傘。有人忌諱身邊存放送葬時使用的物品，夢中的老長官人都走了還不忘提醒下屬移走黑傘，上校感動死了，淚水在眼眶中打轉。

上校再來佛堂時還是一臉遮遮掩掩，深怕被下屬哪個誰看見。他也深感離奇，忙問：「為什麼小太子和母娘會知道那把傘的存在？連我自己都忘記了！」小太子灌了一瓶可樂說：「不然你以為我每天東奔西跑去偵查是為了什麼？還不是為了你們。」說完還打了個嗝。

送葬時需撐黑傘，有一說是為了替亡魂遮蔽刺眼的陽光，否則亡魂在烈陽朝日下會魂飛魄散。此說不可考，信者恆信。但我認為，為骨灰和靈位撐起黑傘更顯儀式隆重。雖然此舉至今已流為形式，但過世後還有人為自己撐傘，顯然更能令死者感到安慰和地位的提升。

用過的這把黑傘，有人介意再度使用，也有人認為，只要經過多人拿來擋雨，也就不過是一把黑傘而已，沒有吉利不吉利的問題。看來上校的老長官念念不忘家鄉的習俗，也為上校考慮，才會一再入夢提醒上校把黑傘扔了。「卡到陰」話題說到這，突然感受到陰體暖心的一面，溫馨的感覺油然而生。

七、喪家帶祖先亂跑——阿嬤過世她去男友家，害未來婆婆生病淋巴結腫大

日前有一資深信眾陳媽媽來到佛堂，她個性開朗，這趟來卻眉頭深鎖。說她最近身體不好，終日懶洋洋的，感覺身體水腫，做什麼事都沒精神。去看了醫生，得到的診斷是淋巴結腫大，目前先以服藥處理。但陳媽媽自己修行多年，感到事情並不簡單。再仔細一想，最近她接觸到的生人沒有別人，而是兒子新交往的女友。

陳媽媽的「疑神疑鬼」果然獲得證實，她向兒子打探，那女孩最近家中有長輩辭世，但她不知道喪家應該迴避出行，尤其絕對不適合到別人家拜訪作客。但這女孩竟然大咧咧的就去了男友家，還住了一晚。陳媽媽生氣又無奈：「最近的年輕人也真的是，不在家中守孝就算了，還滿街跑。我兒子也不懂事，看吧！這麼鐵齒，害到老娘我了。」

幸好情況並不嚴重，基本上以母娘的黑令旗念咒揮旗，這位長輩亡靈就知道應該跟著孫女回家，而不是賴在男友家不走了。陳媽媽後來身體感到輕鬆多了，她高舉雙手說：「如釋重負，清爽！」

這世間很大很奇妙，活著的人有智愚之分，到了那個世界的人也有拎不清，跟錯人回家就賴著不走的。幸好有母娘的黑令旗帶路，不然她的子孫下回祭拜祖先，要上哪兒才能找到這位阿嬷呢？

再就解除卡陰現象多言幾句，點元辰燈是非常有效的方法，因元辰燈可說是世上各種光明燈的總和，大放光明，能量奇大。以燃燒燈火的方式為人修正磁場，特別適合身體、事業，諸多不順的信眾。但若用在驅除卡陰上，有可能對並未懷有惡意的亡靈造成不良影響，所以必須再三衡量是否使用。菩薩在人間為人設想，同樣的，在陰間，亡靈也需要菩薩指路，我們為人處事切莫為一己之私，任意辦事，如此一來，原本集福報反變蓄仇恨，這樣離本意就背道而馳了。

八、精神差身體糟無存款——可憐女卡陰10年，母娘說難辦了

鄧小姐在天赦日來林口三寶佛堂，這是我第三次和她見面，她的精神等種種狀況只有更差沒有更好。40多歲的女子爬四層樓，不至於喘不過氣來，她卻臉上汗珠直落，在門口彎腰手撐膝蓋好一會，才有力氣進門。

她的身世令人唏噓，父親早早就離家出走，自以為看破紅塵的媽媽當即決定出家，至今已30多年。鄧小姐本人精神狀況很不穩定，講到健康問題都是哪邊感到不對勁。她說：「我剛才去南部看媽媽，車錢是我掏盡家中剩餘的錢，終於湊到幾百元，才有錢坐車。」

「我媽媽最近生病了，生活不能自理，行動要靠輪椅，所以被收留她的廟宇趕出來，她現在住在養老院。」我聽了很吃驚，之前也聽說過某座廟宇願意免費收留

想出家的信眾，條件是若年老或生病，家人就必須接回家。

對於這種事我無權置喙，但出家眾一失去生活自理能力，就逐出寺院，由家人收留，這點我就不明白了。既然已出家，與家人的世俗緣分就到此為止，怎在這關頭反而送人回家而不顧呢？這是否合乎佛法的慈悲心？希望大家與我一同思考這問題。

鄧小姐說，由於媽媽修行層次不高，修行沒修到什麼，倒是每遇信眾家中有人亡故，她就得與其他出家眾到府誦經。之前說過，為辭世者誦經必需自身有法力，否則會自傷。不知鄧媽媽是否長期做此事，老來沒獲福報，反而被逼無路可去？幸好她的兒子仍有孝心，送母親進養老院，由專人照顧。

至於鄧小姐，對母親又愛又恨，愛的是她仍然牽掛母親，辛苦籌措對一般人來說不多的車錢，去探望母親；恨的是，母親從小就離開她，她無人疼愛，家境又不好，自行在社會打滾翻爬，至今擔任外送員，沒工作就沒收入。可憐的是，她根本沒意識到現在的她跟無法生存僅有一步之遙，還大談要和朋友出國旅遊。我問她：「你已經存夠旅費了嗎？」她搖頭說：「沒有耶！」

因身體長期不適，她跑遍醫院各科像跑菜市場，但病因都查不出。我給她一千元，以命令的口吻要她立即去大醫院檢查。她藉口自己一人跑診間、抽血檢查等事項應付不來，明顯不想去就醫。無奈，我請一位志工陪她去，查出肝指數很糟糕，再不即時處理，恐罹患猛爆性肝炎。

鄧小姐眼神時常聚焦不了，說話顛三倒四，社會化程度很低。母娘說：「這孩子已經卡陰超過10年，無法處理了。」一般來說，在卡陰半年內，驅走陰體的機會最高。三年就已有困難，更何況10年之久。母娘說：「她小時候聽她母親幫亡者誦經，愛聽的不得了，為了不讓她靠近，大人必須把她綁在椅子上，才能防止她近身。這些陰體在她精神恍惚時在她身上來來去去，一下是這個，一下換別人，像流水一樣變換，一直在感召不好的東西，在她身上大集合，要一個一個抓出來，太難了。」

鄧小姐一聽就說：「那怎麼辦？難怪我家的洗水槽自己破裂摔到地上，我在家裡突然無法走路，都是因為卡陰嗎？」我安慰她先不要想那麼多，先治療身體，卡陰的事我再與母娘商量。

小太子搖頭說：「鄧小姐很可能隨時會掛掉，她身上的陽氣太弱了，身邊沒好友，長期心靈扭曲，才會被跟上。」母娘說：「不能見死不救，既然她主動伸手來求救，我們就不能坐視不管。」

當下我依照母娘所令，立即幫她做祭改，告知她每兩個月就要來一次，不能「含扣」。之後如何，就要看她自己福報的厚薄了。

第十五章

修行——修行反被陰體相中惹禍上身，正確靈修有方法

第十五章

修行——修行反被陰體相中惹禍上身，正確靈修有方法

時常有人問我：「子芸老師，我該如何修行？」、「子芸師父，我這樣修行對嗎？」問者表情十分嚴肅、誠懇，好似「修行」是一件很高深且難以達成的事。其實，修行不難，在任何時間，各種場所，我們都可以利用注意吐息、心定、觀想等方式「修行」，而不是非要到大廟高殿、險山峻嶺、大水野溪附近遠離人世，艱難前行才叫修行、修道。因為修行有各種不同方式，尤其「次第」有別，要循序漸進，就能由近至遠往更高層次的修行前進。有些一心想修行的人到處跑佛堂、宮廟，想找一個歸屬之地。但是，走馬看花，心必然亂，亂則不定，如何修心？正如印順導師所言：「道在日常應用中」，心定之後，向內求，達成慈悲與智慧的增長。向外求，

各佛堂、宮廟所言不一，自己已腳步錯亂，心緒不定，又如何修行呢？

一、自認神明附體到處靈修——走火入魔精神昏亂，車關病符不斷

我們修行是為了提升精神和靈魂的的層次，在平常紛擾的生活上不易雜念叢生，保持正念。有些人神經緊張，一陣風來說是陰風，影子飄過就說是鬼影，慢慢地自認與他界有聯繫，自己應是「修行人」，開始自行接觸各種修行密法，但又不得其道。於是，走上宮廟秘境巡禮之路，每天奔忙於途。

胡先生跟著太太幾次各處禮佛後，覺得自己突然有很強烈的「靈感」，跟著好幾位「同道」每隔幾日就包小型遊覽車去各處靈修。胡太太不想夫唱婦隨，覺得兩

人好不容易退休，孩子也長大，終於可以一起遊山玩水，過精彩的退休生活了。沒想到老公自以為有感應，連上另一個世界，「神明附體」。她嘴巴挺毒的，連聲罵：「什麼通靈、通神，根本發神經，我看那遊覽車應該改叫『靈車』！」她越罵越兇，我好聲好氣勸她：「罵一下就好，說是『靈車』就不好了。」

但差點就被胡太太說中，奔向山林來也趕赴城市去的小型遊覽車有天司機疲勞駕駛，翻落山溝，好幾位「神明附體」的人傷勢不小，有人外傷性骨折，有人被撞擊腦部，靈修團體暫時偃旗息鼓。過段時間，幾位信念堅定的傷養好了繼續跑行程，也有人打退堂鼓，退出團體乖乖回家陪另一半。

只受了小傷的胡先生認為自己已被附體的神明保佑，所以大難不死，使他更加堅定自己已「得道」，可以如「竹林七賢」一般吟詩作對，只是對象是神鬼。此外，有人來找他問事，他也能幫人辦事。

慢慢地，事情不對勁了，胡先生為人辦事的準確度降低了，他開車出個門，一周出三次車禍。後來腦神經衰弱，天天頭痛。都自顧不暇了，只能憾恨推辭所有問事，整天在家無精打采。「有辦法幫他正常一點嗎？」以上是胡太太來找我的原因。

母娘說，胡先生通過不正確的管道，吸引了不友善的靈，「這靈會點東西，小打小鬧可以，大的事情它就辦不了，所以後來的問事都無法幫人解難。現在這靈裝神通裝夠了，開始打擾胡先生了，必須好好請它離開，否則胡先生腦袋會越來越糊塗。」並選了與胡先生命格相符的數字，更換車牌號碼。

在母娘令下，我出動黑令旗和三寶印，兼以祭改唸咒施法，每個月處理一次，大約花四個月，胡先生狀況才有所改善。胡太太有天好奇問我，為何母娘不一次就搞定，把壞東西趕走，還要花上幾個月？我笑說：「母娘開『連續處方簽』啊！一次下猛藥，藥都三分毒，壞東西不走，反而更在胡先生身上作怪，效果適得其反怎麼辦呢？」

萬物皆有靈，只是不知是善靈還是惡靈，如果一心修行，還是照正規途徑，比如到禪七班、精舍進修，都遠比和來路不明的靈打交道好。

二、撿佛像帶回家祭拜靈修——關節斷線只能爬行，魚缸炸開割裂手腕險殘廢

不要亂撿路上的東西，更何況是佛像！40幾歲未婚獨居的林小姐有天在公園散步，看到垃圾桶旁有個手掌般長度的小佛像。她覺得刻功精緻，木質碩實，她一看就心生喜歡，不忍心佛像流落在此成孤兒，就把它放在包包裡帶回家。她上網找半天，都沒有找到與此造型相似的佛像，始終不知祂是哪尊佛。隔天，她照著自己想法帶佛像到附近土地公廟裡安放半天，心想這樣應該已為佛像成功淨化，應該穩當

了。懷虔誠的心帶回家，整理出一個空間來早晚供奉。

其實神佛外貌如何，多數是我們心中的想像，只是為了方便信徒有實際物相參照，所以每個神佛有了以他們個性並合乎我們想像中的外貌。並在正式儀式下開光、分靈，才是正神。若被丟棄，分靈早已離開，遺留下的佛像只是一尊木偶。不管林小姐得知這原是哪尊佛，這尊木偶可能已有壞靈進駐，你每日與它朝夕相伴，拜它求平安，求到的是平安還是禍害，就難說了。

幾日後，林小姐要起床準備上班卻手腳腰身無法移動，整個人像灌了水泥動彈不得。她努力掙扎抓到放在床頭櫃的手機，先打電話跟公司請假，再一點一滴挪動身體，好不容易才爬下床，扶著桌子要起身，卻根本站不起來，身上關節都連接不上一樣。只能像《七夜怪談》中的貞子一樣慢慢爬下樓，爬得臉上身上點點淚珠和汗珠，處境堪憐。

到了一樓，她趕緊叫車去掛急診，醫生卻檢查不出什麼原因。第二天、第三天，同樣情況再度發生，她已曠職臥床兩天神志不清，要不是同事前來查看，她可能就這樣死在家裡。她被救護車送往醫院急救，並做腦部斷層掃描，仍查無病發原因。

至此她都沒發覺家中哪樣東西不對勁，直到她出院回家幾天後，魚缸莫名其妙炸開，幾塊厚度一公分的玻璃碎片像血滴子飛射，直切向她的左手腕，當場血流如注。再度急診，醫生看到那切口人都緊張了，以最快速度清潔和縫合，醫生說：「你的手筋被切開，差點整隻左手都廢了。」

林口三寶佛堂裡，我看著她包紮了厚厚紗布的左手，再抬頭看她的熊貓眼，我問她，「妳最近去了哪裏？妳是不是帶了什麼東西回家？」她才說出佛像的事。小太子立即出動，回來說：「裏頭有不好的東西，所以被人丟了，妳還撿回來拜？」林小姐嚇一大跳：「天哪，那原來的擁有者一定也被整得很慘。」

母娘下令，林小姐一回家就把佛像放到土地公廟裡，由轄區在當地的土地公處理。林小姐很不解：「那時我也是先放在土地公廟啊。」母娘回她：「可是你把佛像帶回來了，這是大忌。」

林小姐還非常好心，問母娘說：「要不要拿去燒掉，不然又被下一個人撿了。」母娘搖搖頭，當地派出所（土地公廟）會處理，不用再管，以免那不好的東西尚未離開，再度糾纏。

林小姐懊悔萬分說：「我原本只是想有個佛像保佑，陪著我靜心打坐，現在人不都說要修行嗎？怎知是這種結果。」

唉！有幾人會帶掉在路邊垃圾桶的不知名佛像孤兒回家供奉？鐵齒的人認為，搞不好是林小姐自己剛好生病，湊巧魚缸裂掉，跟佛像沒關係。若真是如此，我們家中和廟裡供奉的神佛為何要開光呢？為何說哪裡的媽祖是湄洲媽祖的分靈，哪裏的伽藍菩薩是山西運城解州關帝廟的分香呢？不都因為此法所得才是正靈嗎？

修行和祭拜都是好事，不一定要藉由一個物件才能實施。如果你覺得必須要有，那就以正常管道去尋；如果不一定需要，就用觀想方式修行淨心。只要能使你心情平和、毫無波瀾，就是對的修行。

三、帶天命為人辦事——尚未功德無量，已背負他人因果業障

這位顏先生跟胡先生情況類似，有一日他突然有了靈感，經過一陣子的試驗，他確認自己帶有「天命」，這與孔子「五十知天命」的天命不同，而是上天賦予他為人消災解禍的天命。總之，已退休的顏先生認為他的剩餘時間是在人間執行神給予的大任。有了這番認識之後，他先是為身邊好友辦事，經由口耳相傳，來問事的人越來越多。

這種自以為帶天命的「使者」非常鐵齒，蒙蔽雙眼和心智的程度比到處修行的人還嚴重，顏先生既已「神明授權」，看哪個宮廟和佛堂不順眼，就去踢館。顏太太說：「年紀都一大把了，還去找人拚輸贏，結果被打得鼻青臉腫，丟死人。現在天天喊頭痛，我看他自己才有問題。」

所謂的「帶天命」，是從出生，靈降及幼兒階段就開始的，這是體質、遺傳，和一個人的天生磁場有關。即使帶有天命，也必須經過種種考驗，比如剃度出家、研習佛法、道教，不斷精進，才能在上達天聽，下達陰界之間，作為一個「人間調解委員會」為人辦事。要成為合格的「調解委員」還需有前幾世與佛的因緣，即指以過去累世的善，達成今世的「正報」，才具資格。

要知道，辦事者處理的常是不幸、悲痛、上輩子業力的事，如果己身能力不足，沒被賦予神力，神靈沒與你「簽契約」，你如何為人辦事？如何調解？恐怕辜負來者期望，甚至引禍上身，導致自己要背負他人的因果業力。「天命者」眼見所聽都悲苦，既辛苦又心累，身上背著層層他人累世的包袱，若沒有「使命感」，自己的日子都過不下去了。

有的陰體跟隨宿主已久，我們要好聲好氣和陰體溝通，請求它離開；不願意投胎的，先要請求它們不再搗亂，再處理後續。結果的好壞都要看居中協調的「調解委員」說的做的是否都令陰體「心悅誠服」：有被說動願意走開的，我們功德無量；想在此人身上安家的就要請教母娘，一要秉公處理，有旗、有令，陰體再留戀也得被「強制出境」。二是勸它萬緣放下，莫在世間徘徊，改跟菩薩去修行才是正途。

每一家「有天命」的宮廟或佛堂都是如此辦事，共同賦予人間善心。只是，同樣的一句話或指示，不同的人講了有不同效果，「你說的我不愛聽」、「他說的我聽了歡喜」，因此，不同的「調解員」在祭解時，對相同的人和陰體能產生不同效果，這些眉角不是一般人能懂的。

顏先生天生個性急躁、脾氣不好，得理不饒人，這樣的個性，不是被人或陰體整，就是等著「天命」被收回去。我勸他好好過退休生活，不要有妄想，對家人好就是一種很大的修行，「你如果自己家都顧不來，遑論什麼修行？」

顏先生聽了默不作聲，他應該知道自己行事太過。退休前他在船運公司上班，時常在郵輪上出差，一出門就是幾個月，家裡大小事都由老婆處理。他記得孩子還小時，他出差回家，孩子見到他竟然問媽媽「他是誰？」想到這些，天命不天命也不重要了，他以最快速度帶老婆出國旅遊，老婆這次又抱怨了：「坐飛機出國不行嗎？為何要搭郵輪啦？」

四、沉迷修道三度離婚——
自認帶天命又一樁，熱衷為人誦經引來陰體跟隨

說也奇怪，在林口三寶佛堂所遇所見自認有天命者，以退休男性居多。這位田先生太沉迷於天命和精進靈修，搞得三位前妻都受不了家中整日香火滿屋，田先生一張口就講神啊、佛啊、菩薩說什麼啊！嫁給他沒多長時間就包袱收一收，要他在離婚同意書上簽字，留下親生孩子就離開。田先生不在意地說：「她們早知道我有天命，她們要離開也是天意，我不強求。」看他堅毅的嘴角，這人不好相處，對「天命」一詞的認知也模糊不清。

這一切都是他在30多歲時開始的，有一晚他夢到有尊佛像自報家門，說自己在哪座山的哪條路上，要田先生來尋它。這一找就花了10幾年，到田先生快50歲時，終於在台北近郊一座山的山路邊的草叢中找到它，真是毅力驚人。我心想，如果拿

這些時間來研習佛法和佛經，那該有多好！

田先生找到它時感動到哽咽，說前世跟這尊佛的緣分，就算天崩地裂也拆散不了。他把祖宗牌位挪一邊去，主位讓給這尊佛，每天朝拜，分外有心。這時，田先生分別念國中和高中的兒子被同學霸凌，跟父親求助，父親都置若罔聞。

他很忙，哪裏有白事，就去幫人誦經助念，留著孩子自己管自己。可是，上述提到過，幫亡者誦經助念固然是存好心，但前提是自己要有足夠的功德。沒有菩薩來罩你的話，被誦經聲吸引而來的陰體會在旁邊如癡如醉跟著你。你自己磁場被打亂了，家裡的人就不平和了。

直到有一天他誦經結束返家，聽到如傳統收音機訊號不良的雜音，房裡似乎有影子晃動。他頻頻感覺有電流通過他的身體，他才發覺家中不平靜。慌亂地找孩子，覺得家中冷冰冰的孩子當然不在家，他才心生懊悔，現在擔心他們是不是出事了，有用嗎？他突然發覺自己很蠢，這段時間根本與魔共舞。

他問我：「子芸老師，我幫人助念有錯嗎？我以為我在積功德。」我先稱讚他的善心，以早期考駕照必須上過駕訓班為例，不是你會開車就不需上課，可以直接去考照一樣。「助念也是一樣道理，必須上課，堅定佛心，穩固你的信念，經過一連續的培訓，你的助念能幫到亡者，並且不被反噬。」

我能幫他做的就是收攝身心，使他脫離那尊不知是佛還是魔的佛像，佛來佛斬，魔來魔斬，把那些鏡花水月的虛妄外相斬斷，心靈就回歸正位了。

五、母女靈修她鬼哭狼嚎——靈修不慎，走火入魔和精神分裂僅一線之隔

12歲的陳小妹腹部過兩次刀，病況沒有解決，心焦如焚的陳媽媽聽鄰居建議，帶女兒去修行或有幫助。聽說她們去的道場曾經上過新聞，母女到了那裏非常誠摯

真心與道友共同修行，希望女兒的痼疾得以痊癒，不必再老是跑醫院。

但就在醫生為陳小妹安排兩個月後開第三次刀之前，陳小妹突然在道場狂吼亂叫，陳媽媽嚇壞了，道友卻說：「恭喜你們，你女兒說的是『天語』啊！」陳媽媽只覺得頭頂在下大雨，這根本是精神出了狀況啊！她帶孩子回家後，大半夜陳小妹又在家裡亂吼叫，鄰居都打電話叫警察來了。女兒不正常的行為引發媽媽的懷疑，「我去對道場了嗎？」、「是不是什麼不好的東西跟著女兒？」、「我一定被騙了！」

疑心生暗鬼之下，陳媽媽不再去道場，道友打電話來催她們去繼續修行，本來好言相勸，後來變厲言惡語，陳媽媽不再和對方多說，果斷掛了電話，「這是什麼樣的一批人，竟然用威脅恐嚇的方式拉信徒！」還好陳媽媽在道場只留了電話，並沒有留下地址，要不然這些人會每天守在她家門口都說不定。

陳媽媽覺得是自己害了女兒，上網找了正規大廟：新莊的地藏庵。當時菩薩說陳小妹刀關兩次，接下來還有第三次。並說，走火入魔跟精神分裂僅有一線之隔，這年紀的孩子精神尚未鞏固，不建議帶她去道場靈修。

陳媽媽希望女兒精神儘快恢復正常，來林口三寶佛堂找我求助。陳媽媽很難過，很後悔帶女兒去靈修，希望母娘慈悲，幫她救回孩子。當場陳小妹一聽到要救她，突然發怒，手腳亂揮亂踢，和現場的護法對峙。幾個大人都很難抓牢她。陳小妹表情一變，又哀嚎起來，聲音非常可怕，一下低沉，一下高亢，好像身體裡住著兩個人。一位護法非常緊張，問說要不要報警。我定下心來念咒語，拜託母娘大發慈悲，先令她身上的陰體安靜。幾分鐘後，陳小妹不再激動哀嚎，變成小綿羊似的乖巧。我跟她說話，她都點頭認真聆聽。

那一天母娘處理好她的狀況，母女倆又連續來三次祭改，手術也順利完成。其實，我們要幫人辦事祭改，除了上述的磁場與佛界相通、功課做足之外，因緣俱足三者很重要。陳小妹穩定半年之後，陳媽媽又帶女兒來，我已經看出哪裏不對勁，但並未說出口。這必須信眾主動說出問題，我們才予以處理，否則是犯規的，這是第四重要的祭改條件。

陳媽媽說，女兒最近又喃喃自語，於是母娘再令幾次祭改，陳小妹終於擺脫從那間道場帶回的陰體，再加上身體治療痊癒，過起正常小女孩「天真爛漫」的生活。

六、養小鬼是修行？——阿伯養小鬼自稱修道人，發毒誓而送命？

泰國的四面佛、養小鬼、古曼童、佛牌、經文刺青對台灣人有極大的吸引力，到曼谷拜四面佛是必定行程，不然也要買個佛牌或身上刺青佛經回來，才不虛此行。

泰國雖是佛教國家，但他們的佛教受到太多印度文化的影響，再經過當地人長年的信奉演化下，他們的信仰不僅帶有神祕面紗，所供奉的神靈還有奇特神力。按泰國恐怖片演譯，這些神佛能為你做好事，也能做壞事，前提是——你必須以特殊方式供養祂。

多年前我到南部採訪一位據傳養小鬼的阿伯，有人不信他養小鬼，以為他危言聳聽，但他言之鑿鑿說：「我真的養小鬼啊，但我也修道，反正，我養小鬼不是為了害人。」不要一聽到「修道」一詞，就以為是「大道無形，生育天地。大道無情，運行日月。大道無名，長養萬物」的修持哲學。道亦有歪道，如邪門歪道、旁門左道。《藥師經》說：「又信世間邪魔外道、妖孽之師，妄說禍福。」不正的道多著呢。

阿伯直接承認後，突然很激動，深怕別人不信似的，發起毒誓來：「我說假話的話，我會被亂棒打死！」我一驚，心裏頭有莫名的預感。一周之後，我看報紙的社會新聞版，這位阿伯斃命在田中央，警察視外傷判斷死因，「被棍棒打死」。

當時我尚未剃度出家，看到這消息大吃一驚，證實了當時我心中的預感其來有自。對養小鬼之說，不談信或不信，但慘事這麼巧就發生。修行的人本應氣韻平和，遇事稍安勿躁，發毒誓更是非修行人所為之事。所以，我們聽到誰說在修行，應要先觀察他所行，再與其深入交談，琢磨他所言，才能確信他修行是否為正道。

有人會說，「我去廟宇吃齋念佛，廟裡住持剃髮，頭有戒疤，暮鼓晨鐘，當然是正派。」那麼，恭喜你找對修行之所。但若住持偶而神祕失蹤，有時失蹤一晚，有時連續幾日不見人，你絕對要注意了。賭博菸酒肉體關係都不碰，才是真正的出家人。建議多關注住持行蹤，就知道師父上哪兒了。

日前對岸有位知名大和尚，與直播賣家具的網紅數次上旅館發生不正當關係，身分被拆穿後被對方勒索錢財，否則揭露他的行為。和尚不堪被索要數百萬人民幣而報案，爆出驚天大醜聞，對方被抓了，自己被中國佛教協會除名，在佛教界的地位也沒了。

這位大和尚重視時間分配，修行在白天，紅塵在夜間。如果要修行，沒在分時間的。出家人白天穿僧服，晚上穿西裝、戴假髮去約會、開房，請以這種修行人為戒，羞恥！

最末章

子芸老師的信念——

起心動念堅守一念心，累世與現世福報自己創造

20歲時知道自己遺傳乩身，30時上禪修班、習佛法、親炙惟覺老和尚、二度剃度出家。40因緣際會下拜謝沅瑾老師為師，承接他所創「中華普世道派」掌門宗師。接觸佛法道家各家法門，為的是一還小太子所給乩身的使命——渡人、救人、教化人，自己能做幾分，就奉獻幾分。

一開始為人辦正事，用力過猛，以為自己可以幫很多人，後來才知與神佛、陰體溝通，就如與人溝通協調，講究的還是說話的藝術，同樣一句話，對不同信眾要用不同說法。母娘視情況，急事緩辦，多次祭改，需跟急躁的信眾說清楚講明白原

因。得到信眾信任，才能事半功倍，趨吉避凶，好事成功。

每次信眾來問事，我都視為考驗，盡力去做。有人來踢館，我與之辯法。我一開始決定靈修習法，是艱難且慎重的決定，一旦下決心，無人可來反轉我。如禪宗說：「佛來佛斬，魔來魔斬」，家人也支持我修道，我感恩不已。

人看我做佛事很容易，其實早在一個月前我已各處找法師。克服人性，不因循人性中的哪怕一點僥倖，這是對我和信念的考驗。處理辦事，當中會有人的問題，被挑戰、被質疑，我必須一本良善初心，不被拖著走。人罵我，我說理；遇人不明理，我通情達理。

作為修行人、調解委員、中間人、乩身。叫我子芸師父也好，子芸老師亦可。所作所為皆為信眾，以我下述的各種信念，給予眾人祝福。

一、一念心——

一切所作所為所能承擔的最初始

常聽人說「修行、修行」，修的是正心，行的是好事。但為什麼「修行」一詞聽起來就是那麼苦、那麼令人正襟危坐，好像要犧牲什麼歡樂，人生只剩苦行一樣。

我們來到這世界上，管他三世因果，難道活著就不該享樂、烹羊宰牛且為樂，會須一飲三百杯，盡興歡樂痛快取悅自己？難道就不行看哪個人事不爽，東罵西罵只求一個爽？為了一個博愛座打起架來，只是日常小事。

請記得，世間有法院，另一個世界也是有「有期徒刑」、「無期徒刑」，傷害到自己是自找的；傷害到他人，擾亂環境，破壞社會風氣就要接受「公審」。因為，這個世界並非只有你，並非只屬於你。你的所想所為，都要顧及他人。「你可以做自己的主人，但結果不可由別人承擔」。

當然，人有高下智愚之分，不是每個人都是優等生、模範生。最基本，我們可以要求自己做個「中等生」，兼顧自己的小世界和包容他人的大社會，這也是「修行」的一種。所以，「修行」並不難啊！

重點就在「一念心」。我們的出生都是宇宙的祝福，這份祝福在我們來到世間的初始，以白白淨淨、光滑無瑕的的「一念心」呈現：不殺生、不偷盜、不邪淫、不妄語、不兩舌、不惡口、不貪、不嗔、不癡。將這「十善」持續到底，就是「一念心」的初衷。利己利人，好好生活，修行就在分分秒秒間。

王母娘娘之所以管仙界管凡間，不是祂婆婆媽媽很愛管耶！祂也是抱持著祝願人間安好的一念心，才來救人濟世，開化我們的想法，解鎖我們的執念。否則，祂老人家在三十六天逍遙自在，整天在仙界串門子抬槓，難道不更開心嗎？

小太子也是，祂頑皮歸頑皮，但終歸是神，祂保持愛管事的「一念心」，天天為信眾上天入地求答案找線索，其實很辛苦的！累成這樣，難道會比得上祂去摘果子、討糖吃、去跟阿公阿婆輩的眾仙求抱抱更快活嗎？

在與神佛的感應交流中，我也是抱持「一念心」，我每日必做功課：打禪七、參話頭，提高自己的悟性，才能持續並精準地與神界溝通，穩紮穩打。如果我不保持「一念心」精進自己，像條搖搖欲墜，繩索不知何時斷裂的吊橋，那麼，我就太對不起母娘、小太子，和自己命定的乩身了。

「一念心」能成善、否定它能成惡，該怎麼選擇呢？答案回到初始，仍是你的一念心。

二、祝福的力量最大——

凡祝福者迎福報，凡詛咒者惡返自身

過去靈修時聽過一句話，成為我助人的心念：「祝福的力量最大」。這句話是我後來修行中的重中之重，祝福人當然是很大的力量，你願意他人好，不起妒心，反而起歡心，這需要多大的胸懷呀！

拳擊賽、格鬥賽時常打得難分難解，血花四濺，熱血沸騰，是許多人喜歡看的比賽。有一位跟著媽媽來佛堂的年輕信眾，聽我講過數次「祝福的力量最大」，這小朋友有時翻白眼、噘著嘴，不認同都寫在臉上。

有一次他照例跟媽媽前來佛堂，我很意外他不再做怪表情，椅子只做七分座，姿勢端正，乖得不像以前的他。我忍不住問他最近狀況。他說最近看了一場格鬥賽影片，一位泰拳高手把對方打得頭破血流，對手站都站不穩，明顯失去戰力，在裁

判詢問下，對手依然要打下一回合。泰拳高手一聽表情放軟，立即雙手合十走向他，請求他放棄比賽，否則會傷得更嚴重。

比賽中止，兩人真情擁抱，對方欣然接受自己慘輸的事實。小弟弟說，如果繼續打下去，弱者非死即殘，那一刻他突然流淚，想到「祝福的力量最大」。

他說：「我看過這麼多比賽，沒幾個選手能做到放人一馬。原來那個合十和擁抱就是祝福，我就這樣被感動了！」

如果這位泰拳高手死咬對方不放，導致比受傷更嚴重的事發生，即使贏了比賽又如何，還不如祝福對方更令人心悅誠服。

這場戰爭已經打過，輸的一方，值得被祝福。而祝福他的泰拳高手獲得喝采與尊敬，更值得被祝福。

三、說好話——簡單易做的善行

「說好話、做好事」，已成了流行語。人要多做好事，自然不須多解釋，但說好話卻非常困難。嘴巴離腦袋這麼近，思想才經過幾公分的流動，管他好話、壞話、髒話，一下就脫口而出了。如果是後二者，說者一愣，聽者傻眼，兩人不歡而散，甚至可能從此不再聯絡。幾十年的友誼小船，被你一句話就弄翻了。

說好話是門藝術，也可以不是藝術，不求你精雕細琢，蜂兒採蜜的語言，但求話出口前，給自己一秒時間，想想如此說話是否適當。偏偏每個人都有自己的脾性，自以為是的、滿嘴跑火車的，這類人我們身邊都有。

有人口蜜腹劍，有人說話愛諷刺，顯露稚子之心，有人斥責別人不留情面，或愛在背後說人壞話。歷史上有多少大小事都因為一句話，而驚滔駭浪，或是抹平可能發生的戰爭。

媽媽出門前，你說一句「媽媽今天有打扮，水噹噹喔！」老人家立即紅光滿面，比吃什麼健康食品都來的有效。老公稱讚老婆一句「今天不要太可愛！」老婆隨即放下不愉快，兩人開心去吃大餐，豈不是很好！小孩功課考差了，家長說：「沒關係，下一次再努力。」接著再開導孩子用功，孩子不產生逆反心理，肯定用功讀書。

有位新手老師信眾困惑說：「可是，學生不聽話，我沒辦法不罵他幾句，這樣我如何能說好話呢？」我給他的回答是：「回到你的一念心，你的初衷是希望學生好，難免責怪，那你也可以順帶提出學生過人之處的專長，希望他可以面面兼顧，你這不是說好話了嗎？」

這位老師再來的時候，走路姿態都顯得比較輕鬆，不再滿懷心事。他說，學生依然愛搗蛋，但擅長的數學在校際比賽中得獎了，其他學生表現也不錯。最後他跟我說：「我從說好話想到多元教育，讓學生發揮特長。用心多思考，再說話，跟這些小屁孩交流變簡單多了。」

說好話是自己善良，在對的時間說對的話代表自己有思想。語言的紐帶是彼此聯繫的，好話在彼此心念之間流動是善的傳遞，不就你好我好大家好嗎？

四、起心動念——人間修行的總合

「一念心」：強調初始信念的重要。

「祝福的力量最大」：祝福他人，他人所獲得福回應自己的福。

「說好話」：心存善良，才能在對的時間說出誠摯的語言。

一切好與壞的改變，都在「起心動念」的瞬間，克制自己，往內鑽研，深刻思考，與人為善。多學習，不花言巧語，就去做，通透了也是一種成就。

別小看這幾個簡單的道理，隨時可做，即知即行的靈修就從此做起。

子芸老師祝福各位「心開意解，福報隨身」。

中華普世道派掌門宗師黃子芸高功大法師

辦聖事主神：母娘、觀世音菩薩、中壇元帥小太子

【預約項目】

□ 梁皇寶懺、藥師寶懺

□ 初一十五消災祈福補運

□ 藥師燈—財神燈—元辰燈

□ 天赦日—祖先過房書—神明契子—祭改—特殊個案處理

□ 夫妻和合

□ 開光加持聖物

□ 考試文昌加持

□ 個人個案特殊專案　　□ 增加財運（聚寶盆）

□ 各項法會祈福　　□ 提升工作、事業貴人運

□ 收驚祭改　　□ 車號、電話、合個人八字、易經選號

□ 求正姻緣（傳宗接代）　　□ 查因果（身體健康、祖先、無名病因）

【問事、流年八字運勢分析 說明】

問事：1000元功德金

名額有限額滿為止，如有急件需特殊辦理請先來電詢問

採「預先匯款」的方式

【匯款資訊】

□匯款銀行：第一銀行 林口工二分行

□匯款銀行代號：007

□匯款帳戶：20868-100793

□戶名：黃子芸

【十齋日供燈 說明】

十齋日每個月有10天，欲參加十齋日消災祈福供燈者，

由佛堂代理在十齋日為其供燈祈福，本人未到者會提供供燈祈福照片

【佛堂地址】

新北市林口區中山路97巷1號4樓

【佛堂聯絡電話】

來電洽詢專線：0902-168413

洽詢時間早上10點到晚上6點

＊佛堂任何法會、問聖事皆採預約制＊

【臉書網址】

https://www.facebook.com/BuddhismTao

【報名表網址】

https://forms.gle/WEtSMNEWhn4KjqidA

【報名表 qr code】

國家圖書館出版品預行編目資料

一念心 改寫神的劇本／黃子芸著.
－－第一版－－臺北市：宇河文化 出版；
紅螞蟻圖書發行，2024.11
面　；　公分－－(靈度空間；24)
ISBN 978-986-456-332-6（平裝）

1.CST民間信仰

271.9　　113014619

靈度空間 24

一念心 改寫神的劇本

作　　者／黃子芸
文字協力／元星翔
發 行 人／賴秀珍
總 編 輯／何南輝
美術構成／沙海潛行
封面設計／引子設計
出　　版／宇河文化出版有限公司
發　　行／紅螞蟻圖書有限公司
地　　址／台北市內湖區舊宗路二段121巷19號(紅螞蟻資訊大樓)
網　　站／www.e-redant.com
郵撥帳號／1604621-1　紅螞蟻圖書有限公司
電　　話／(02)2795-3656（代表號）
傳　　真／(02)2795-4100
登 記 證／局版北市業字第1446號
法律顧問／許晏賓律師
印 刷 廠／卡樂彩色製版印刷有限公司
出版日期／2024年 11 月　第一版第一刷

定價 360 元　港幣 120 元

ISBN 978-986-456-332-6　　Printed in Taiwan

黃子芸宗師親自開光

月老姻緣符

事業旺財符

平安健康符

姻緣、旺財、平安符

姻緣、旺財、平安符

本次隨書附贈「姻緣、旺財、平安三金牌」（下頁，請讀者自行剪裁）分別為個人姻緣、事業旺財、平安健康符皆由黃子芸 宗師親自手寫開光加持，希望帶給讀者幸福平安的每一年。

使用方法

姻緣符可收在個人臥室或紅包袋裝著放自己枕頭下，事業旺財符可放在辦公室隱密處或個人皮夾，平安健康符可放個人臥室隱密處或放在皮夾裡，此三符靈驗，唯有心存歹念者無效。

此三符有一整年之效力，使用前可拿到大廟之主爐過香火，更增效力，記得在當年農曆十二月二十四日送神日時，同金紙一起燒化即可。黃子芸宗師再此祝福大家修行在日常，正需要人做，而沒人做的事我來吧！心之向善福雖未至，禍已遠離，心之向惡，禍雖未至，福已遠離，培福植福是為真招財開運之妙方靈符。

平安保康符 黃子芸中華普世道振掌門宗師

事業旺財符 黃子芸中華普世道振掌門宗師

月老姻緣符 黃子芸中華普世道振掌門宗師